VIVRE ²

Editeur : Crevoisier Philippe, 108 route de Dijon 21380 Savigny-le-Sec

Les illustrations de cet ouvrage ont été dessinées par Céline Teiten
et appartiennent aux auteurs.
Toute reproduction totale ou partielle de cet ouvrage est interdite
sans l'autorisation des auteurs.

© Crevoisier Philippe, Aurore Robin 2023

Dépôt légal Octobre 2023

ISBN 978-2-9588708-1-2

Remerciements

Parce que ce livre à quatre mains est un livre résolument humain. Parce nous n'y serions pas arrivés sans l'aide précieuse de nos amis, de nos familles, nos enfants, de ceux qui ont accepté de faire un bout de chemin avec nous, pour que l'aventure soit plus riche, pour que la plume soit plus belle, pour que le regard soit plus universel…

Nous souhaitions remercier chaleureusement Céline pour son travail d'illustration, Valentina, Ariane, Frédérique, Claude, Martine, Tadeusz, Julia, Nathalie, Lysiane, Jean-Charles, Xaviera, Christian, Nicolas, Fabien, Dominique, Hérold, Patrick et Antonella pour leur jolie contribution.

Sommaire

ET SI JE VIVAIS DANS UN MONDE JUSTE ? 12

Un monde de l'Homme soumis : Job — 15
Un monde de l'Homme coupable : Augustin d'Hippone — 16
Un monde de l'Homme déterminé par la nature : Spinoza — 17
Un meilleur des mondes pour l'Homme : Leibniz — 18
Un monde de l'Homme sans autorité : Nietzche — 19
Des mondes multiples pour l'Homme : Everett — 21

ET SI LA NATURE ÉTAIT PLURIELLE ? 28

L'un n'existe pas — 32
Le vivant est pluriel par Nature — 34
Les deux forces nous influencent — 36
TDEEPA (Tout doit être égal par ailleurs) et
TCQPAA (Tout ce qui peut arriver arrive) — 41
La recherche incessante de perfection ou la recette
du malheur — 45

ET SI J'ÉTAIS ÉQUILIBRE ? 48

Notre positionnement nous appartient — 50
Je dois sans cesse revoir ma position — 53
Qu'est-ce que j'ai envie d'être ? — 59
La dissonance peut être source d'harmonie — 63
Accepter c'est mieux composer — 66

ET SI J'AVAIS UNE MEILLEURE CONNAISSANCE DE MOI ET DE MON RÉEL ? 68

Vie et existence — 70
Je veux retrouver ce qui m'anime — 71
Réel et représentations — 74
Biais — 77

ET SI J'APPRENAIS DE MES EXPERIENCES ? 84

- Ma lecture du monde par mes expériences … 86
- Expérience innée … 88
- Expérience d'autorité … 93
- Expérience empathique … 99
- Expérience empirique … 103

ET SI J'APPRENAIS DE MON MONDE INTÉRIEUR ? 108

- Je lis le monde par le rêve … 110
- Je lis le monde par l'intuition … 117
- Je lis le monde par l'imagination … 119
- Je lis le monde par la méditation … 127

ET SI J'ÉTAIS ÉMOTIONS ? 130

- L'émotion, mon moteur à l'action … 132
- L'émotion, un bon indicateur pour moi … 137
- Mes émotions agissent de manière inconsciente … 144
- Mes émotions agissent de manière immédiate … 146

ET SI J'ÉTAIS VIBRATIONS ? 150

- La physique ondulatoire de mes émotions … 152
- La cochlée … 154
- De la cochlée à l'hippocampe … 156
- Système limbique … 158
- Notre mathématique émotionnelle … 162
- Ondes cérébrales … 165
- Mes émotions sont subjectives … 169

ET SI J'ÉTAIS RAISON ? **176**

Ma raison améliore ma capacité de survie
et participe à mon évolution 178

Ma raison traite les informations de manière
consciente et objective 180

Ma raison me permet de construire des scénarios
logiques et ainsi de réaliser des plans d'actions en
fonction de l'évaluation d'une situation 182

Les limites de ma raison 185

ET SI J'ÉTAIS ÉMOTION ET RAISON ? **188**

Critique de la primauté entre raison et émotions 190

Le principe de refoulement des émotions 192

Connexion entre émotion et raison 195

Les limites de chaque système 196

Émotion, action, raison, imaginaire et réel :
un tout indissociable 202

Blocage émotionnel du plan d'action : inhibition 206

Mécanique décisionnelle 210

Cerveau limbique et probabilités, cerveau cortical
et logique 213

Synergie limbique et néocortex 216

RENAISSANCE ACTIVE **220**

Je veux doser entre émotion et raison,
pour trouver la bonne harmonie 222

Je veux dépasser mes automatismes
et conditionnements 224

Je veux gagner en potentiel de vie 228

ET SI JE FAISAIS UN PAS DE CÔTÉ ?   232

Déconnexion de mes habitudes   234
Déconnexion de mon environnement   236
Dosage   238
Faire le vide   239
Déconnexion de mes attachements   243

RECONNEXION   246

Reconnexion à moi   248
Reconnexion au sens   258
Reconnexion à la relation   265
Reconnexion à mon corps et à l'ici et maintenant   268
Reconnexion à l'action :
je sors de ma zone de confort pour pouvoir changer   275

ET SI JE DEVENAIS QUI JE SUIS ?   280

Action : je suis prêt pour ma renaissance active   282
Je renforce mon bagage en créant de nouveaux motifs   285
J'utilise ma souplesse et ma plasticité   288
Je m'entraîne et je pratique   294
Je fais de ma vie mon œuvre d'art   299

Bibliographie   304

Auteurs   306

Préface

J'ai cultivé ma vie avec une place importante accordée à la raison notamment via mes études scientifiques - mathématiques et mon parcours d'ingénieur. Quelque part, une partie de moi ne s'est jamais sentie complètement « à l'aise » avec tout cela. Peut-être cela provenait-il de mes racines paysannes ? Très attaché aux choses simples, au pouvoir du vivant, la nature m'avait déjà donné l'idée que la vie ne pouvait pas être d'une rationalité parfaite…

Sans vraiment creuser plus loin, absorbé par le flot de la vie, mon parcours s'est poursuivi dans le développement de produits. C'est quelque chose qui m'animait car c'était lié à la création.

Au départ, mes connaissances scientifiques suffisaient à répondre aux enjeux de création. Je travaillais dans l'avionique, je retrouvais des repères techniques. Les attentes du client étaient claires, le cahier des charges précis, cela laissait assez peu de place à l'interprétation. J'avais déjà eu l'occasion de me rendre compte que ma formation académique était incomplète. J'étais bien armé pour la résolution de problèmes mais n'avais pas particulièrement de bagage pour gérer les relations humaines.

C'est quand je me suis attaqué aux produits grand public que cela a changé la donne…
Je me suis assez vite rendu compte que les raisons qui les faisaient vendre n'avaient finalement peu à voir avec le rationnel…

Quand on comprend que le déclencheur d'achat d'une couche culotte réside plus dans l'émotion procurée par le son de l'adhésif que dans la qualité de la fermeture, ou de l'étanchéité, on mesure le poids de la valeur émotionnelle…

Cette valeur, j'ai décidé de l'intégrer dans ma vie. J'ai compris que les émotions étaient puissantes, belles, riches, et qu'elles constituaient nos vrais moteurs à l'action. D'ingénieur, je me suis ouvert au marketing. J'ai décidé de composer avec cette force vive émotionnelle. J'ai choisi d'être vivant, complet, complexe et de l'accepter !
Ce qui m'a procuré le plus d'épanouissement dans ma carrière c'est de pouvoir créer de la valeur en mariant ce qu'on oppose trop souvent : le rationnel et l'émotionnel.

Parce que je crois profondément à cet élan, parce que j'ai pu expérimenter cette richesse en entreprise et dans toutes les situations de ma vie, parce j'affectionne plus que tout l'acte de création, j'ai voulu donner vie à mes réflexions. Je voulais ouvrir l'échange autour d'un essai ; lancer une invitation à mieux se connaitre, encourager la connexion à ses émotions, donner du sens à l'action.

Cet ouvrage représente ce que j'avais en moi et que j'avais besoin d'exprimer de manière ouverte, sans barrière de langage. J'avais envie de nous réconcilier avec une forme de philosophie, celle de l'origine grecque qui englobait toutes les sciences de manière synergique : les mathématiques, la physique, la psychologie, la sociologie…A cette époque, les frontières n'étaient pas dressées, il n'y avait pas d'hérésie au fait qu'un philosophe soit à la fois penseur, physicien et chef spirituel.

Je voulais rassembler un ensemble de questionnements, de méthodes et de résultats pour favoriser la pensée, pour aller au-delà du simple débat d'idées ou d'une pure démonstration académique.

J'avais envie de m'inspirer de différents mondes en me donnant la liberté de les explorer, sans prétendre être un spécialiste. Je voulais capitaliser sur des apports de références, suffisamment forts pour traverser les époques de manière universelle ; suffisamment concrets pour les relier à des phénomènes de vie actuelle. J'avais envie de transformer de manière tangible la maturation d'une vie et d'en faire un cadeau pour plus grand, plus large que moi.

D'une certaine manière, j'avais besoin d'accoucher de tout cela.

Seulement, je n'imaginais pas le faire seul…

En effet, je me suis toujours inscrit dans la richesse de la pluralité. J'adhérais au principe de la maïeutique de Socrate et Platon : pour faire accoucher les esprits de leurs connaissances, il est souvent préférable de les accompagner.

En cherchant cette Maia pour m'aider à exprimer un savoir caché en moi, j'ai retrouvé Aurore. J'ai vécu cela comme un signe, comme le moment de s'élever sous un nouveau jour. Chacun à notre manière, et avec presque autant de différences que le jour et la nuit, nous nous retrouvions sur une même fréquence de pensée.

Je lui ai proposé de rentrer dans mon monde, elle lui a apporté une coloration intuitive et accessible. Elle m'a permis de traduire en livret, les notes de cette musique que j'avais en moi. Elle a apporté de nouvelles tonalités à la symphonie que je voulais créer.

Par nos échanges, elle m'a obligé à pousser le raisonnement plus loin, à rendre la création plus belle. Elle avait à cœur de créer un lien avec le quotidien, elle aspirait à ce que l'on revienne à l'essentiel des vraies choses.

Comme moi, elle voulait contribuer à faire avancer chacun vers le chemin qui est le sien.

Rencontrés dans un univers de travail où le formel et le rationnel étaient maîtres, nous nous sommes retrouvés dans l'envie d'aborder la vie autrement.

Inspirés par ce monde où tout va très vite, où le surinvestissement du rationnel et de l'action font perdre pied à de nombreux créateurs, nous souhaitions proposer une pause, une parenthèse réflexive à offrir...

Cet essai constitue un condensé d'interprétation du comportement humain.

Par celui-ci nous souhaitons ouvrir des perspectives pour une meilleure compréhension de soi et des ressources à activer pour vivre mieux.

Nous nous sommes attachés à réunir des apports en provenance de multiples horizons. Nous avons voulu apporter un regard à la croisée des chemins : entre les sciences, les arts, la théologie, la philosophie, l'histoire ou encore l'expérimentation pratique du monde moderne, de la vie économique, du quotidien en entreprise, des voyages, des rencontres et de l'expérience.

Nous avons essayé de comprendre le chemin entre « je le veux », « je le peux » et le « je le fais » ou pourquoi nous nous surprenons à ne pas réussir à faire ce à quoi nous aspirons le plus et que nous continuons de faire ce qui nous convient moins.

Nous avons cherché d'où vient cette force qui nous anime, quitte à œuvrer à l'encontre de notre entendement ou de notre volonté.

Nous avons voulu nous autoriser, à accueillir, à admettre, à rêver, à lever la souffrance de nos contradictions sans anormalité.

Nous avons voulu vous proposer un voyage autour de la force de vie qui nous anime.

Alors ouvrons les horizons... testons, vibrons, créons !

Philippe Crevoisier

Introduction

« Car je ne fais pas le bien que je veux, et je fais le mal que je ne veux pas ».
- Paul de Tarse

Il était une fois l'histoire d'un monde où nous pensions pouvoir tout contrôler, un monde où la technologie avait ouvert à l'homme le rêve prométhéen d'une maitrise totale et sans partage.

Les avancées de la science laissaient de moins en moins de place au doute...

Grâce à la puissance de calcul et aux algorithmes sophistiqués, le monde était devenu prévisible. Le doute n'était plus permis, l'homme, maître de l'univers, était paré à faire face à toutes les situations.

Et pourtant...

Qu'est-ce qui fait qu'avec tous les outils dont nous disposions, nous ne parvenions pas systématiquement à aller dans le sens dicté par notre raison ? Qu'est-ce qui explique cette forme de mal-être, de lassitude ou d'anesthésie qui tendent à se généraliser dans nos sociétés ? Pourquoi préférons-nous au risque une forme de standardisation tiède, quitte à perdre notre élan et notre vitalité ?

Sommes-nous en résonnance avec ce monde que nous croyons avoir maitrisé, mis en boite, étiqueté, en espérant notre apaisement ?

De toute évidence, notre quête de contrôle semble beaucoup plus difficile que ne le laisserait imaginer notre progrès scientifique.

Explorateurs du quotidien, nous nous sommes beaucoup attachés ces dernières décennies à dompter le monde extérieur. A-t-on donné suffisamment d'importance à l'exploration de notre monde intérieur ?

Marc Aurèle[1] nous invite à trouver *« ... la force de supporter ce qui ne peut pas être changé, le courage de changer ce qui peut l'être ... la sagesse de distinguer l'un de l'autre. »*.

Faisons une pause le temps de ce livre pour traverser les époques et les sciences, pour identifier ces moteurs universels qui nous animent et nous ont toujours animés, pour avoir un regard lucide sur l'impact qu'a notre vie intérieure sur nos décisions.

---

[1] Empereur romain MARC-AURÈLE, *Les pensées pour moi-même.* (170 - 180 ap. J.C)

J'aimerais ouvrir des perspectives nouvelles, me donner l'opportunité de ne plus lutter contre ce que je ne maîtrise pas. Je voudrais accéder à ce qui vibre en moi, à cette force organique que je touche parfois du bout des doigts.

J'aimerais me débarrasser de ce qui entame mon potentiel de vie, m'accepter dans ma complexité et ma richesse. Je me prépare à écouter, à expérimenter, à jouir de l'instant et du beau. Je suis prêt à réécrire en permanence l'accord de manière voulue et assumée jusqu'à aimer passionnément la partition avec toutes les notes, toutes les variations, tous les rythmes, tous les tempos, tous les timbres…

 Je fais le choix d'être le compositeur de ma musique.

ET SI JE VIVAIS DANS UN MONDE **JUSTE** ?

Le premier Homme doit agir. Il a déjà soif de savoir, il a besoin de sens, de comprendre cet univers tout à la fois généreux et hostile. Il veut s'allier les forces de la nature et en fait ses dieux. Des dieux capricieux, qui dispensent la vie : le Bien, mais tout aussi soudainement déchaînent les catastrophes, les maladies, la mort : le Mal.

Cette histoire, c'est bien la nôtre, faite de cette dichotomie, faite de cet écartèlement entre l'ombre et la lumière.

Se baser sur des notions comme le **Bien** et le **Mal** revêt quelque chose de rassurant… le monde devient plus compréhensible, plus prévisible.

Dans chaque civilisation, de tous temps, de toutes religions, les Hommes ont essayé d'édicter des règles qui devaient être communément admises. Il paraissait plus simple de s'en remettre à cela, d'avoir des références, des bases solides sur lesquelles s'appuyer. Nous utilisons cette grille de lecture tous les jours, parfois sans même nous en rendre compte.

Pourtant ce monde semble ne pas vouloir se conformer aux modèles de cohérence que nous voulons lui imposer.

C'est ce qui explique, qu'à contre-courant, il y ait toujours eu des artistes, philosophes, scientifiques pour remettre en question nos certitudes et tenter d'ouvrir des possibles.

N'est-ce pas une manière de chercher à nous libérer ? Nous libérer de nos peurs, de notre appréhension de la mort, de nos dissonances, de notre impuissance à vivre ?

La libération ne peut s'effectuer sans travail, sans étapes pour lever un à un les obstacles qui nous séparent de ce que nous sommes.

Et si nous commencions ce travail en faisant un pas en arrière pour nous plonger dans ce que l'Homme a vécu, dans ce qu'il a compris à travers les âges. En essayant d'identifier les carcans qu'il a dépassés…

Pour ce faire, nous avons choisi des personnages qui nous semblaient illustrer ce cheminement, et nous sommes placés dans notre tradition judéo-chrétienne. Le premier est une figure de l'ancien testament : **Job**.

01.1 Un monde de l'Homme soumis : Job

Job[1] voue une foi aveugle en son Dieu providentiel.
Dieu accepte le défi proposé par Satan et l'autorise à mettre à l'épreuve la foi de Job.

Job questionne « *Pourquoi Dieu m'envoie-t-il toutes ces misères, alors que j'ai toujours suivi précisément ses commandements ?*».

Il est heurté par des souffrances qu'il estime non méritées. Pourquoi le prive-t-on de ses biens, de ses enfants ?

Ses amis ne manquent pas de lui rappeler que le malheur ne peut s'abattre que sur : les pécheurs, les païens, les impies.

Alors que **Job** est à bout, Dieu finit par lui répondre.

Job est invité à revenir dans le droit chemin, à reprendre place dans une relation d'autorité.

Dieu pardonne son questionnement et le rétablit dans son bonheur initial.

L'intention de Dieu n'est pas accessible à l'Homme.

La contradiction entre un Dieu bon, puissant, omniscient, et l'expérience quotidienne du mal est troublante et allait occuper pratiquement tous les théologiens et philosophes jusqu'à nos jours…

---

[1] JOB, *La sainte bible,* traduite en français sous la direction de l'École biblique de Jérusalem, Paris, Pocket, 1955, Le livre de Job, 38.

01.2 Un monde de l'Homme coupable : Augustin d'Hippone

L'Homme a été créé avec la capacité de choisir ses actions et de connaitre leurs conséquences. « *Dieu a conféré à sa créature, avec le libre arbitre, la capacité de mal agir, et par là même, la responsabilité du péché.* »[2]

L'Homme est responsable des erreurs qu'il commet. Il est responsable de la carence de **Bien** qui l'habite depuis la faute d'Adam.

Dieu seul est capable de lui redonner sa plénitude en lui faisant don de sa grâce.

> Dès lors, l'Homme, pécheur, descendant d'Adam, est coupable.

Cette situation va durer 1000 ans, jusqu'à ce qu'un chanoine polonais, **Copernic**, bouscule les croyances des Hommes et prétende savoir que les planètes, la terre, tournent autour du soleil.

Cette révolution va ouvrir la voie à de nombreux penseurs « *scientifiques* », rationnels : **Descartes, Spinoza, Leibniz**…

---

[2] A. D'HIPPONE, *Traité du libre arbitre*

01.3 Un monde de l'Homme déterminé par la nature : Spinoza

Spinoza reprend la même question : « *Si toutes choses ont résulté de la nécessité de la nature suprêmement parfaite de Dieu, d'où proviennent donc tant d'imperfections dans la Nature, comme la corruption fétide, la laideur nauséabonde, la confusion, le mal, la faute, etc. ?* »[3]

Spinoza croit en un Dieu qui n'est pas au-dessus de nous mais en nous, autour de nous.

La nature est ainsi faite que toutes choses existent, la plus parfaite et son contraire. Nul ne peut dire si c'est **Bien** ou **Mal** car si Dieu les a faits, c'est par Nature. Il n'y a pas à avoir de jugement, c'est un état de fait, tout simplement, naturellement.

Dieu est immanent, il est la nature, le **Bien** et le **Mal** en sont deux faces indissociables.

L'Homme n'est plus coupable, à lui d'utiliser sa raison pour lever le voile de la confusion, pour apprécier la perfection d'une nature globale… mais l'impuissance de l'Homme demeure.

L'Homme est dominé par un déterminisme naturel.

---

[3] B. SPINOZA, *Ethiques, Livre I*, Paris, Flammarion, 2021, (Poche Blaues Buch)

01.4 Un meilleur des mondes pour l'Homme : Leibniz

Au début de la Renaissance, le philosophe allemand **Gottfried Wilhelm Leibniz**, reprend l'interrogation d'**Augustin d'Hippone** : « *Si deus est unde malum* »[4]. Si Dieu est, d'où vient le mal ?

S'appuyant sur un raisonnement mathématique, il démontre l'existence d'une infinité de mondes différents, tous possibles, mais dont un seul est nécessairement réalisé : le meilleur.

Afin de concilier l'omniscience de Dieu avec l'existence du Mal, il invente le concept de « *meilleur des mondes possibles* ». Dans ce dernier, le **Bien** et le **Mal** coexistent.

Ils créent un équilibre, comme dans un exercice musical où « *la dissonance du mal se mêle à la consonance du bien et contribue à rendre parfaite l'harmonie du monde* »[4].

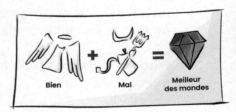

> **L'Homme vit dans le meilleur des mondes et peut en comprendre raisonnablement ses lois.**

C'est alors que **Nietzche** sort son marteau.

---

[4] G. W. LEIBNIZ, *Essais de Théodicée*

01.5 Un monde de l'Homme sans autorité : Nietzche

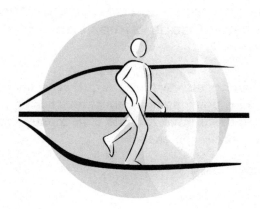

Explorateur de la vie, Nietzche invite quiconque à expérimenter les idées avant de les adopter ou de s'engager dans une voie. Sa pensée s'étend par-delà le **Bien** et le **Mal**, et se concentre avant tout sur l'« *Amor fati* », ou le fait d'aimer et d'accepter inconditionnellement son destin.

Nietzche est pianiste et compositeur et nous enjoint à être auteur de notre vie. « *Sans la musique, la vie serait une erreur.* »[5]

Nietzche, nous pousse à utiliser notre « *volonté de puissance* », pour vivre une vie plus intense, à « *vivre plus dangereusement* ». Il nous ouvre à percevoir et à juger le monde avec plus de tonalités, plus de perspectives.

Si nous arrêtons de croire que le monde a un sens ultime, si nous abandonnons l'idée de la responsabilité ou de la cause extérieure, si nous menons notre existence de sorte que nous puissions souhaiter qu'elle se répète éternellement, alors nous dépassons notre condition, pour aller au-delà de l'Homme et accéder au « *surHomme* ».

---

[5] F. NIETZCHE, *Par-delà le bien et le mal*, (1886), Paris, Poche, 1987.

Le **Bien** et le **Mal** sont des notions relatives à chaque morale, à chaque société. Ce sont des croyances sociales, qui doivent être dépassées. Le monde est tel qu'il est, ni juste, ni injuste.

> **L'Homme embrasse son destin, dans toutes ses dimensions, dans la joie et dans la douleur, éternellement.**

Mais une nouvelle angoisse est née : A quel sens, quelle spiritualité, quelle autorité plus haute, pouvons-nous nous rattacher ?
La disparition de Dieu ouvre l'abîme d'un monde indifférent où chacun doit trouver sa morale, son chemin.

01.6 Des mondes multiples pour l'Homme : Everett

La science physique et la mécanique quantique allaient encore élargir les perspectives.

C'est dans les années 1950 que le physicien américain **Hugh Everett** présente et développe la *« théorie des mondes multiples »*[6].

Grâce à cette dernière nous apprenons que notre univers coexiste avec de nombreux autres.

Imaginez donc un arbre, composé de multiples ramifications, qui se divisent sans cesse en univers distincts, puis visualisez un nombre illimité d'univers inaccessibles entre eux.

C'est ce qu'explique **Everett**, lorsqu'il démontre que chaque monde contient autant de versions uniques possibles que de personnes ou observateurs vivant une situation donnée, à un moment donné.

Tous les possibles existent. Nous sommes conscients de vivre un de ces possibles.

---

[6] H. EVERETT, *The Many-Worlds Interpretation of Quantum Mechanics*

Il ne s'agit pas de se poser la question de « *pourquoi celui-là ?*», mais bien de tout faire pour retirer le maximum de satisfaction de la situation. Autrement dit, comment potentialiser sa vie ? Ou comment obtenir le maximum de bénéfices prenant en compte les critères d'une distribution initiale ?

Terence, poète comique latin, l'illustre très bien, dans sa comédie les Adelphes, lorsqu'il dit : « *Dans la vie humaine, il en va comme du jeu de dés ; si le dé ne tombe pas comme ça t'arrange, il faut que l'art améliore ce que le hasard a proposé.* »[7]

Pour bien comprendre le sens et les implications du multivers, simplifions-le, et comparons-le à un jeu qui viserait à construire une maison : la maison de sa vie.

Au départ de chaque partie, vous êtes un personnage, doté de capacités et d'outils qui vous sont propres. À chaque partie ces dons sont affectés à chaque joueur de manière aléatoire. Disons qu'il y a une infinité de combinaisons différentes possibles. Certaines dotations rendent l'objectif plus facile, d'autres beaucoup plus difficile. En tant que joueur, il n'est pas question de savoir s'il est juste ou pas de se trouver dans telle ou telle situation. Le seul intérêt est de jouer, c'est-à-dire de vivre.

[7] Les Comédies de P. TERENCE : *Les Adelphes,* Paris, Broché, 2012

Nous savons qu'à la partie suivante nous aurons sûrement une autre donne. Comme nous jouons à l'infini, nous finirons par avoir joué toutes les parties.

Comme l'univers, le jeu est neutre par rapport à nous. Il semble évidemment ridicule de prétendre qu'une donne est injuste.

Bien que chaque partie se présente de façon plus ou moins favorable, en **Bien** ou en **Mal**, nous allons jouer la partie en acceptant la combinaison initiale.

Le **Bien** ou le **Mal** n'auront pas de sens global. Ils ne seront relatifs qu'à une partie ou à l'objectif de la partie.

Ce qui est bon m'aidera à accomplir mon objectif, ce qui est mauvais me rendra l'objectif plus difficile.

Nous allons faire de notre mieux pour gagner, avec le plaisir de la découverte, des embûches, des bonnes surprises ou des bonus que nous pourrions trouver sur notre chemin.

Dans le jeu de la vie, nous avons aussi la possibilité de définir notre propre objectif. S'agit-il de réussir financièrement ? D'accéder au paradis ? Ou encore de laisser une trace ?

Il ne tient qu'à nous de le décider.

Certes, nous aurions pu être conscients d'un univers qui nous convenait mieux. Celui-ci existe et nous y sommes présents… quoi qu'il en soit.

N'ayons donc pas de regret. La possibilité de vivre au mieux est bien présente, elle existe au même titre que de nombreuses autres options.

C'est l'éternel retour de tous les possibles.

> **L'Homme est infini et tous ses possibles sont réalisés, il lui appartient de donner un sens et un objectif à son ici et maintenant.**

Après ce voyage à travers le temps qui nous a permis de rétablir la liberté de l'Homme dans un univers indifférent, il est temps de nous donner le droit de repartir d'une partition vierge afin d'y déposer nos propres notes...

Francis Bacon disait : « *On ne peut rien écrire de nouveau sur une tablette de cire jusqu'à ce qu'on n'ait effacé ce qu'il y était écrit auparavant.* »[8]

Nous comprenons, grâce aux savoirs accumulés, que nous ne sommes pas dans une situation où les dés sont pipés. Que nous avons la possibilité de sortir de la boite psychologique dans laquelle nous sommes enfermés. Nous comprenons que nos pensées créent la réalité, qu'il n'y a pas de biais, de condamnation : ni théologique, ni cosmologique.

Nos souffrances ne viennent pas majoritairement de nos difficultés extérieures mais bien de la violence que nous nous infligeons à nous-mêmes. C'est ce que nous appelons aussi le ressentiment, la déception, le manque d'estime ou la colère à soi.

Les grecs parlaient de « *Metanoïa* » ou de transformation de notre regard sur le monde.

Soyons ouverts, à l'écoute de notre nature. Evitons de lutter contre ce que nous ne contrôlons pas au risque de développer une fatigue inutile et d'altérer notre potentiel.

Autorisons-nous à vivre une vie plus intense, à saisir ce qui nous fait vibrer, ce qui résonne en nous.
Créons nos propres valeurs. Ne le laissons pas faire à d'autres ou à une quelconque idéologie.

---

[8] F. BACON, *Du progrès et de la promotion des savoirs*, 1605.

« Le monde te demandera qui tu es, et si tu ne sais pas, le monde te le dira. »[9]

- Carl Jung

Libérons les possibles, intégrons-les sans condition. Acceptons d'être les compositeurs de notre musique. Choisissons d'être acteur de notre vie, de lui donner une sonorité plus riche, plus belle...

Je suis là, je veux et je peux, composer ma musique, ici et maintenant.

[9] JUNG, Source : *Article Carl Gustav Jung* de Wikipédia en français.

Après avoir réglé mon problème de poids moral et d'injustice, compris que l'univers était neutre, que tous les possibles sont réalisés, je dois maintenant comprendre les règles du jeu de l'ici et maintenant, pour mieux m'adapter, les apprivoiser, voire les dépasser.

Comment vais-je vivre pleinement mon univers ? Comment vais-je choisir les embranchements qui valorisent le mieux ma volonté d'être ?

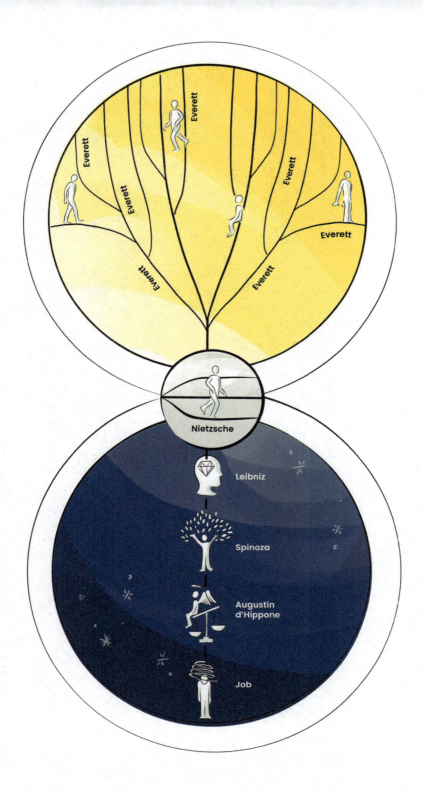

ET SI LA NATURE ÉTAIT **PLURIELLE** ?

Parce que nous sommes souvent absorbés par le rythme du quotidien, le poids des habitudes, nous avons l'impression qu'il n'y a qu'une seule voie. Comme si nous étions sous l'emprise d'une force qui nous enferme dans une vision unique des choses.

Quand je suis dans ma roue, quand vous êtes dans la vôtre, la facilité consiste à croire qu'il n'y a qu'un sens possible : aller de l'avant. Or, si on prend le temps d'y réfléchir, dans sa roue, le hamster n'a pas qu'une option. Il a le choix du mouvement. Il peut aller dans un sens, dans l'autre, se mettre à l'arrêt ou encore sortir de sa roue. Rien ne l'oblige à tourner en rond.

Dans nos vies, les possibles sont multiples. Pourquoi devrions-nous choisir entre une roue à l'arrêt ou une roue qui va trop vite ? Pourquoi devrions-nous nous enfermer dans un mouvement qui ne nous convient pas, un mouvement qui pourrait mener à notre perte, ou tout du moins à des tiraillements incessants.

Nous commettons une erreur en croyant en un idéal, en nous attachant à la recherche d'une forme de perfection, à une dynamique unique.

Croire en un chemin qui serait valable tout le temps et en toutes situations, revient à se faire du mal, car cela est fondamentalement contre-nature.

C'est le propre des groupes, des tribus, des sociétés de vouloir rassembler la masse dans un chemin tout tracé, avec une direction ultime, une valeur accordée au bonheur ou au succès. Comme si tout cela pouvait être standardisé… comme s'il y avait un sens absolu.

Nous vivons avec un héritage, un poids, d'ordre moral, intellectuel, social, qui continue à façonner nos croyances. Ces croyances nous poussent à emprunter inconsciemment un chemin unique : le bon chemin établi par notre groupe d'appartenance. Nous faisons des arbitrages, des choix de vie tentant d'être de **bons parents**, de **bons amants**, de **bons citoyens**, de **bons professionnels**, de **bonnes personnes** au **bon endroit**.

Tout d'abord, il est important de comprendre que rien n'est ou n'a été dessiné dans l'univers pour nous figer dans une situation ou un état.

> **Il m'appartient d'être qui je suis, dans un univers indifférent, où tous les possibles sont réalisés.**

Ensuite, nous devons intégrer que notre monde, notre nature, n'a jamais été faite d'une seule force. Il est toujours et il a toujours été question d'équilibre et de multiples.

02.1 L'un n'existe pas

Il n'est pas rare d'entendre dans le langage commun que la vie n'est jamais « *toute blanche ou toute noire* ». Pourtant de nombreux penseurs, leaders, ont tenté de dessiner le monde de manière monochromatique, supposée juste. Force est de constater qu'une seule vérité toute faite n'a jamais eu gain de cause.

Parménide, l'un des philosophes les plus considérables de l'histoire de la philosophie grecque antique, est célèbre pour cette tautologie, « *ce qui est est, ce qui n'est pas n'est pas* »[10]. Il conclut, logiquement, que n'existe que ce qui est, et en fait une entité unique, l'un.

En fait, il dépeint bien deux états : l'état de l'être et l'état de l'absence d'être.

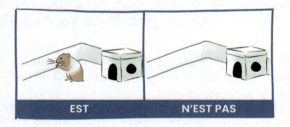

Pour **Héraclite**, c'est justement la succession entre ces deux états, être et n'être déjà plus, qui constitue le mouvement, le changement, et finalement l'existence de la diversité que nous observons dans la nature : « *Nous ne nous baignons jamais deux fois dans le même fleuve.* »[11]

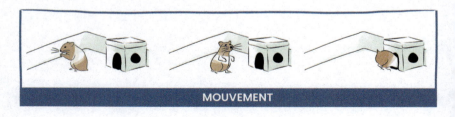

[10] PARMÉNIDE, *Le poème et fragments*, Paris, Epimethée, 2009
[11] HÉRACLIDE, *Fragments*, Introduction par Marcel Conche, Paris, Broché, 2011

A l'époque de **Parménide**, le zéro n'existait pas. Le zéro nous est arrivé, assez tardivement, par les arabes qui le tenaient des indiens. Et c'est le philosophe **Leibniz** qui fut le premier à inventer le calcul binaire, montrant ainsi que tous les nombres pouvaient être créés à partir de deux seules racines : zéro et un.

Contrairement à ce qu'énonçait **Parménide**, l'origine de toute chose n'était pas l'un, mais bien deux : l'être et le non être. Pourtant le concept de l'un sera abondamment repris et utilisé, en particulier par **Platon**. Ce sera l'origine de l'idéalisme. L'un et l'idéal se confondant...

Au cours des siècles, l'idéalisme donnera naissance à de nombreuses visions uniques se terminant en « ...-isme » : « *communisme* », « *fascisme* », « *libéralisme* », et même « *machisme* » ! Il créera des approches biaisées, figées à un endroit, des visions plus destructrices les unes que les autres.

Si nous sommes dans l'unité nous nous privons de l'opportunité de voir plus, de vivre plus.

Chercher l'unité, trouver une idéologie unique, un ***paradis***, parfait en tous points, qui répond à tous nos critères, est un combat perdu d'avance... un combat très dangereux, souvent à l'origine de nos souffrances.

En d'autres mots, il est vain de se perdre dans la recherche d'une perfection qui n'aurait qu'une voix, qu'un son, qu'un rythme puisque toutes les formes de vies sont plurielles et en mouvement.

Le vivant est pluriel et je me fais du mal à me rattacher coûte que coûte à un idéal.

02.2 Le vivant est pluriel par Nature

Comme le hamster dans sa roue, dès que je bouge, je vis, je suis animé. Je réponds donc aux règles de la nature, à celle du principe vital, du « *conatus* » de **Spinoza** ou encore de la « *volonté de puissance* » **nietzschéenne**.

Là encore l'hypothèse que la nature serait unité est fausse. C'est bien grâce à la biodiversité que la vie est possible : grâce à la variété, à la variabilité du vivant sous toutes ses formes, grâce à l'ensemble des interactions entre les êtres et grâce aux interactions qu'ils ont avec leur environnement.

Je suis pluriel par nature et je dois composer pour vivre.

La nature est ainsi faite qu'elle va systématiquement chercher un état d'équilibre. En médecine, c'est ce qu'on appelle « *l'homéostasie* » ou processus de régulation du vivant.

Mais de quel équilibre parle-t-on au juste ?

Il s'agit d'un équilibre entre deux forces contraires qui vont chacune exercer une influence. C'est ainsi qu'**Empédocle d'Agrigente** théorisait en évoquant deux principes qui règnent cycliquement sur l'univers. La première force est l'amour, celle qui permet la cohésion et fait tendre les choses vers l'unité. Sa force contraire est la haine, agissant via son pouvoir de division et de destruction, et faisant tendre les choses vers le multiple.

> « *Cette alternance en va-et-vient continu n'a pas de fin : tantôt par l'Amour dans l'un tout se rassemble, tantôt, de nouveau, chaque élément, séparé, est emporté çà et là par Discorde et sa haine.* »[12]
>
> *- Empédocle*

---

[12] EMPEDOCLE (auteur), *Sur la nature*, Yves BATTISTINI (Auteur), Paris, Impr. nationale, 1997

Lorsque nous comprenons que nous sommes issus de la nature, régis par les règles de fonctionnement de la nature, il apparait improductif de vouloir lutter. Simplement, il est important de mieux appréhender cette logique de forces pour ne pas la subir.

J'ai conscience qu'il existe deux forces qui m'influencent.

02.3 Les deux forces nous influencent

Nous avons vu que la perfection en forme d'unicité n'existe pas. On ne peut pas poursuivre quelque chose en ayant l'idée d'être uniquement cela. Il y a toujours un moment où le contraire va essayer de s'exprimer. Cette approche en deux états, deux forces, se retrouve sous de multiples aspects.

« Les choses n'existent que grâce à leur contraire. Autrement dit, c'est quand les contraires s'assemblent que quelque chose peut vivre. Lorsqu'on pense grand, il n'y a pas d'objet qui puisse incarner cette idée de grand s'il n'y a pas de point de comparaison. Un éléphant comparé à une baleine représente une certaine grandeur, un mélange de grand et de petit. De la même manière la température est un mélange entre le chaud et le froid.»[13]

- Héraclite

Ainsi, pour **Héraclite**, c'est la tension entre les contraires qui engendre la réalité. Il reconnaît que les deux forces fondamentales sont à l'œuvre partout dans l'univers, y compris en nous. Ces deux forces sont en confrontation permanente et constitue le réel. Le réel est un combat en mouvement constant. Quand nous sommes convaincus qu'une force domine, l'autre force est déjà à l'œuvre.

[13] EMPEDOCLE (auteur), *Sur la nature*, Y. BATTISTINI (Auteur), Paris, Impr. nationale, 1997

Nous sommes vivants et en pleine forme et pourtant notre avenir est le retour à la poussière. Dès que nous croyons qu'un équilibre s'est installé, il est déjà miné par un déséquilibre. Le pouvoir des forces et la position résultante ne sont jamais figés.

Nous retrouvons cette coexistence des forces dans de nombreux univers, nombreuses cultures. C'est notamment le cas dans la cosmologie chinoise où le symbole du Yin et du Yang est considéré comme la représentation de la double nature des choses. Il incarne à la fois le bien et le mal, le clair et l'obscurité, le positif et le négatif.

En tout Yin il y a une part de Yang et inversement.
Rien n'est tout noir ou tout blanc et l'un a besoin de l'autre pour coexister.

Le Yin, principe féminin traditionnellement représenté en noir, est associé aux aspects sombres et négatifs des choses. Le Yang, principe masculin, en blanc, est quant à lui associé aux aspects positifs et lumineux. Ces deux composantes forment un tout indissociable et suivent le souffle originel du **qi**, à l'œuvre dans toutes les formes de vie.

Ce symbole, couple d'opposés, apparait vers le IIIe siècle av. J.-C via le penseur **Zou Yan** 鄒衍 (-305, -240). Il représente un élément fondateur de la philosophie chinoise.

C'est en cherchant des explications aux alternances des cycles naturels (rythme des saisons, variation de la durée des jours...) que **Zou Yan** a trouvé ce principe de deux extrêmes qui coexistent pour former un tout.

Tout comme la face nord ombragée d'une montagne permet de mettre en exergue la face sud ensoleillée de cette même montagne, c'est la mise en relation ou mise en tension d'opposés complémentaires qui sert à rendre compte de la dynamique de vie. C'est ce qu'exprime l'énantiodromie, ou fonction régulatrice des contraires, au cœur de la pensée taoïste.

Du grec « *course à contre-courant* », l'énantiodromie illustre la manière dont une chose va se changer en son contraire sous l'impulsion d'une force trop intense, ou, comment, un renversement inconscient des valeurs va s'opérer quand les choses deviennent trop extrêmes.

Ainsi, lorsque le Yin arrive à un niveau trop intense, il perd sa mesure, et va alors se transformer en Yang (et vice et versa).

C'est d'ailleurs pour cette raison que nous disons que la transformation se passe souvent en allant **tutoyer les contraires**.

Sur le plan psychologique, il suffit que nous rejetions quelque chose de manière trop forte, pour finalement le générer de manière inconsciente. C'est notamment ce que signifie l'adage « *le mieux est l'ennemi du bien* » ou encore ce que **Freud** appelait le « *retour du refoulé* »[14]. Les contraires cohabitent, et il y a un équilibre dynamique entre eux.

L'art de la philosophie chinoise a été de dépasser l'unité et l'opposition, pour la remplacer par une dualité naturelle et complémentaire « *le Ciel et la Terre n'embrassent pas une seule chose, le Yin et le Yang n'enfantent pas qu'une seule espèce* ». En tout Yin il y a du Yang et en tout Yang se trouve du Yin.

La géométrie du cercle taoïste évoque une forme de **réconciliation** puisqu'il englobe les deux extrêmes d'un tout qui coexistent ensemble de manière harmonieuse.

---

[14] S. FREUD, *L'Interprétation du rêve* (1900), PUF, 2005

Jung a, lui aussi, repris cette idée de dualisme vital en parlant d' « *anima* » et d' « *animus* », vie du corps et vie de l'âme, expérience masculine et incarnation féminine, que nous avons tous en nous, quel que soit notre sexe.

Au-delà de la composition duale, il insiste sur le fait que nos cultures occidentales, sous couvert de spiritualité, ont accentué une répression morale de certains de nos instincts en y adjoignant l'étiquette du mal. C'est en rejetant une partie de nous que nous parvenons, parfois malgré nous, à des dérives non désirées.

Prenons l'exemple de l'appréhension du corps, des tabous que nous avons autour de la nudité, du plaisir ou encore de la diabolisation du sexe. Lorsqu'il y a une négation trop forte de cet instinct présent en nous, il se peut que nous assistions à des retournements violents dans le contraire. Comme si, à force de trop se réprimer, l'humain arrivait à des formes d'explosions instinctives, passant cette fois dans l'autre extrême, adoptant des comportements complètement contradictoires avec l'éthique initiale.

La bascule se passe lorsque notre plus grande force devient notre pire cauchemar. Nous assistons à ce phénomène dans le travail notamment lorsque l'amour de ce dernier nous porte, et nous pousse tellement à nous dépasser que nous en venons à tomber du côté sombre, et parfois même nous en dégoûter.

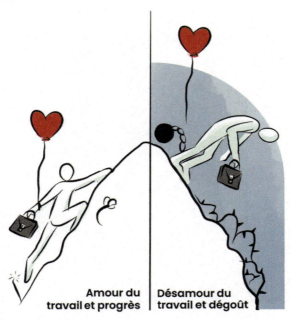

Pour ne pas en arriver là, pour rester dans une logique plus *écologique* par rapport à ce que nous sommes, Jung nous invite à adopter une attitude juste. Cette dernière vise à tenir compte des opposés en nous, en les tenant ensemble.

Nul n'est besoin de juger, de choisir. Notre réalité est duale, partout et tout le temps. Toute chose, tout événement est un mixte de deux forces en action.

Il n'est pas ici question de vision statique, mais bien dynamique. Plus une force domine, plus l'autre va se manifester. Aucune des deux ne s'impose jamais complètement.

C'est pour cela et par cela que la vie existe et que toutes les choses sont imparfaites et infinies.

> **J'ai conscience que ma vie n'est jamais faite de tout l'un ou de tout l'autre mais toujours d'une combinaison.**

02.4 TDEEPA (Tout doit être égal par ailleurs) et TCQPAA (Tout ce qui peut arriver arrive)

Nous privilégions une **vision dualiste**, où tout phénomène s'analyse par l'opposition de 2 forces en action.

Nous les appellerons : *TDEEPA* (Tout Doit Être Égal Par Ailleurs).

et *TCQPAA* (Tout Ce Qui Peut Arriver Arrive).

Le *TDEEPA* va avoir tendance à réduire l'élan de vie puisqu'il est synonyme d'une installation ou d'un retour dans une position d'équilibre, plus « tranquille », moins risquée moins engagée, même si pas toujours idéale. C'est le Yang, l'ordre, la pulsion de mort, l'animus.

Le *TCQPAA* symbolise la probabilité que si un événement n'est pas nul, alors il peut et va arriver. À l'instar du multivers, si une forme de vie existe alors tous les possibles peuvent être réalisés. C'est le Yin, le désordre, la pulsion de vie, l'anima.

Ces deux forces sont en lutte permanente en nous pour s'équilibrer, aucune ne peut arriver à sa perfection, plus une force domine plus le rééquilibrage sera violent.

Sur le plan scientifique, il existe quatre forces fondamentales : la gravitation, l'électromagnétisme, et les deux forces nucléaires (fortes et faibles).

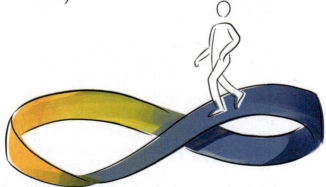

ORDRE : TDEEPA
Tout doit être égal par ailleurs

DÉSORDRE : TCQPAA
Tout ce qui peut arriver arrive

Nous trompons-nous en parlant uniquement de deux forces ?

En réalité, c'est plutôt le terme de **_forces_** qui n'est pas complètement adapté. Aujourd'hui, les scientifiques nous invitent à parler d'interactions et de champs.

Afin de pouvoir calculer/valoriser ces interactions, deux règles seulement doivent être respectées.

La première est que l'énergie doit être conservée. L'énergie qui existait avant l'interaction doit être la même après l'interaction. Nous retrouvons bien notre concept du **_TDEEPA_** (Tout Doit Être Égal Par Ailleurs).

La deuxième est que toutes les interactions possibles doivent être prises en compte, y compris des interactions étranges dans le temps. Ici nous ouvrons les possibles avec **_TCQPAA_** (Tout Ce Qui Peut Arriver Arrive).

Non seulement la science confirme bien l'approche dualiste, mais cette approche peut également nous permettre une compréhension profonde de l'univers.

Le vide dans notre conception traditionnelle est un endroit où il n'y a rien. Ce serait donc un endroit où régnerait le **_TDEEPA_** (Tout Doit Être Égal Par Ailleurs) absolu.

Or nous avons déclaré qu'aucune des deux forces ne peut dominer et que plus l'une domine plus la réponse de l'autre est brutale.

C'est bien ce que découvre la physique moderne. Le vide à son niveau quantique est une jungle de particules qui apparaissent et disparaissent. Un règne de tout ce qui peut arriver arrive !

Passant du plus petit au plus grand, nous pouvons imaginer que les zones les plus froides de notre univers, où règne le **_TDEEPA_** (Tout Doit Être Égal Par Ailleurs), soient propices à une réaction explosive : Un big-bang, soit la naissance d'un nouvel univers, forme extrême de **_TCQPAA_** (Tout Ce Qui Peut Arriver Arrive).

Nous ne serions donc pas dans un univers unique qui se refroidit progressivement, mais dans une soupe universelle, Multivers, où naissent en permanence de nouveaux univers et de nouveaux possibles.

Comme l'imaginaient déjà les anciens, l'ordre naîtrait du chaos et le chaos succéderait à l'ordre, le tout dans une valse incessante, mêlant systématiquement le **TDEEPA** (Tout Doit Être Égal Par Ailleurs) et le **TCQPAA** (Tout Ce Qui Peut Arriver Arrive).

Creusons ensemble le sujet pour mieux comprendre à quoi correspond un **TDEEPA** (Tout Doit Être Égal Par Ailleurs).

Une illustration très éloquente du **TDEEPA** (Tout Doit Être Égal Par Ailleurs) est l'archétype du paradis. En effet, le paradis est un endroit parfaitement ordonné par un Dieu pour que l'Homme puisse y vivre au mieux. Dans ce schéma, il n'y a pas de surprises potentielles et désagréables qui peuvent intervenir. Toutefois, il arrive toujours un moment où le **TCQPAA** (Tout Ce Qui Peut Arriver Arrive) va s'immiscer et bouleverser les choses. Dans la perspective du paradis c'est la tentation, portée par la pomme, le serpent, Ève, qui vont, en un instant, faire basculer le **TDEEPA** (Tout Doit Être Égal Par Ailleurs) en **TCQPA** (Tout Ce Qui Peut Arriver Arrive). On retrouve d'ailleurs, au passage, l'archétype de la nature masculine du **TDEEPA** (Tout Doit Être Égal Par Ailleurs) sous le visage d'Adam et l'archétype de la nature féminine du **TCQPAA** (Tout Ce Qui Peut Arriver Arrive) sous le visage d'Ève.

Comme nous le voyons, notre monde est toujours le théâtre de l'affrontement entre 2 forces opposées, de désordre et d'ordre. C'est pourquoi, notre qualité de vie dépend surtout de la manière dont nous réussissons à gérer ce conflit inéluctable.

Le désordre représente l'inattendu, le **TCQPAA** (Tout Ce Qui Peut Arriver Arrive), ce sont les choses qui nous tombent dessus par surprise. Nous parlerons de chance, de malchance ou encore de miracle.

L'ordre ce sont les fondations qui nous sécurisent, c'est le **TDEEPA** (Tout Doit Être Égal Par Ailleurs), l'ordre familial, l'ordre social, les règles provenant des lois. Jusqu'au moment où l'ordre est trop grand et qu'il devient une forme de tyrannie, celle qui empêche le supplément d'âme.

Quand nous cherchons sans cesse à marcher droit, à tout temporiser en mode **TDEEPA** (Tout Doit Être Égal Par Ailleurs), nous prenons le risque de devenir rigides, figés dans la voie du milieu. Nous perdons cette souplesse qui donne de la force et de la richesse au quotidien.

C'est celle où nous devenons indifférents, celle où nous perdons nos rêves, où nous perdons le sens et le goût des choses. Nous ne pouvons plus penser « en dehors de la boite » alors nous avançons de manière automatique et enterrons la variété des possibles.

Nous pouvons prendre le pli de vivre une vie « parfaite », de suivre les règles de notre groupe… Et alors que nous faisons ce choix pour notre bien-être, nous nous exposons à en souffrir, car la force contraire guette.

DÉSORDRE : TCQPAA
Tout ce qui peut arriver arrive

ORDRE : TDEEPA
Tout doit être égal par ailleurs

02.5 La recherche incessante de perfection ou la recette du malheur

À force de vouloir la perfection, nous accumulons le poids, que l'on nomme aussi la charge ou **charge mentale** ; cette pression contre-nature que nous nous infligeons, à tel point qu'elle parvient à nous faire perdre l'espoir, voire à nous rendre frustrés, amers, étroits d'esprit, cyniques, remplis d'ennui et éventuellement méchants. Comme si toutes ces réactions étaient nos armes pour mieux faire face à l'impuissance. L'impuissance à atteindre cette vie bien rangée sous tous rapports, qu'il est impossible de construire car elle n'existe pas.

Quand nous rejetons la voie du milieu par **trop plein**, nous pouvons basculer dans l'extrême du TCQPAA (Tout Ce Qui Peut Arriver Arrive), avec tout ce que cela comporte de positif mais aussi de négatif.

L'alternative à cette vie que l'on voudrait trop stable est de tomber dans l'extrême du chaos, celui de ***l'anarchie***. Là aussi il est question de recherche de confort, car la rébellion est souvent plus simple que la prise de responsabilité.

À force de ne plus supporter la pression, de mener une vie parfaitement stable, nous allons tout rejeter de la stabilité et parfois même de la vie.

La pire traduction de ce phénomène réside dans l'installation dans une anarchie totale, un rejet de tout, de tout le monde et tout le temps. L'excès consiste à faire grandir sa colère contre l'existence, jusqu'à aboutir au « pétage de plombs », prenant parfois des formes atroces. Parmi les manifestations les plus éloquentes de ces dérives nous trouvons par exemple les tueries étudiantes qui ont tant marqué les esprits ces dernières années. Comme si leur colère contre la vie, faisait en sorte que ces jeunes préféraient emporter tout le monde en enfer avec eux plutôt que de continuer à supporter le poids de la vie.

À s'inscrire dans le *trop*, nous risquons de nous confronter à la force opposée de celle initialement désirée et de tomber dans l'excès.

Trop d'ordre mène à des explosions dans le chaos. C'est l'exemple si familier de la Révolution française ou encore de mai 1968.

Trop de chaos, de désorganisation laisse place à des comportements totalitaires comme ceux auxquels nous pouvons assister dans de trop nombreux pays.

À s'inscrire dans le trop, nous passons à côté de l'essentiel…
Être capable de mettre un pied dans le chaos et un pied dans l'ordre consiste à être suffisamment alerte, agile, pour avoir une vie plus abondante.

Je veux être capable de trouver une position qui correspond à ma réalité sans tomber dans le piège des excès.

ET SI J'ÉTAIS ÉQUILIBRE ?

Si nous acceptons le fait d'être animés par des forces contraires, charge à nous de trouver notre place, celle qui nous convient le mieux, celle qui résonne le plus en nous, en fonction de qui nous sommes, de nos capacités, de l'environnement dans lequel nous vivons.

03.1 Notre positionnement nous appartient

Et parce que nous sommes vivants dans un monde mouvant, il nous faudra faire preuve d'agilité : être capable de confirmer cette position pour la revivre autant de fois que possible ou la réinterpréter au gré des situations, des changements internes et externes.

La philosophie bouddhiste intègre complètement ces notions en les faisant grands principes de l'existence. L'« *Anitya* » souligne le phénomène d'impermanence constante, qui nous pousse à nous réinventer, et le « *Duḥkha* » synonyme de souffrance, qui vise à dire que rien ne peut nous satisfaire de manière ultime et définitive. L'idée étant d'adopter la voie qui nous permet d'obtenir le maximum de satisfaction en dépensant un minimum d'énergie. Freud assimile cela au **principe de plaisir** et au paradoxe entre pulsion de vie et pulsion de mort. Si fuite d'énergie il y a, elle viendrait de notre dispersion ou d'une lutte que nous nous imposerions pour suivre un modèle, une force qui serait contre-nature.

Cette voie est propre à chacun et à chaque situation. Ce qui importe est de se respecter en tant que personne, dans toute son entièreté. C'est pourquoi, il est dérisoire, illusoire, de croire que notre équilibre peut venir d'une règle universelle dictée unilatéralement.

> **Je veux trouver une position qui me correspond.**

Pour mieux comprendre le principe de positionnement je vous propose de regarder cela sous un angle mathématique.

Très connue dans le monde des statistiques et des probabilités, la loi normale ou courbe de **Gauss** est un modèle qui permet de comprendre visuellement comment une population va se répartir en fonction d'un paramètre, dans une situation donnée. Autrement dit, nous allons voir où la grande majorité des individus se situe sur la base d'un critère d'analyse commun.

Prenons par exemple la taille comme caractéristique de l'étude. La loi normale permettra de regarder comment se répartissent les individus d'un même groupe sur une échelle allant de 30 centimètres, pour un très petit bébé, à 2,20 mètres pour un adulte de très grande taille.

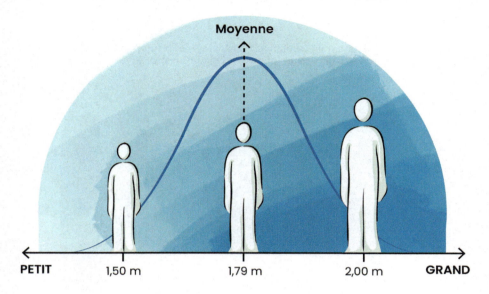

Courbe en cloche : densité de la loi normale de la taille chez la population adulte

L'utilisation de la courbe de Gauss est utile pour analyser des phénomènes physiques mais aussi valable pour des phénomènes sociaux. Citons le **courage** par exemple. La courbe de notre société actuelle présentera probablement une distribution très concentrée avec une majorité de personnes moyennement courageuses, quelques personnes peu enclines aux risques, et quelques personnes avec un comportement héroïque aux extrémités.

Le centrage représente l'endroit où se trouve le maximum de population. C'est cette position que nous allons adopter comme principe de vie **standardisé** : le **bien** d'une société.

Quand bien même nous tentons d'évoluer à l'extérieur de la courbe, il y a de fortes chances que nous subissions une **force de rappel** provenant de notre environnement social. C'est aussi ce que nous appelons la morale.

Rappelons-nous toutefois que la caractéristique est valable pour un environnement déterminé et stabilisé. Ce qui explique une valeur centrale très différente entre les groupes et les époques...

Quand la société athénienne place le juste milieu au rang de but ultime, les Spartes, eux, érigent le courage du sacrifice en valeur absolue.

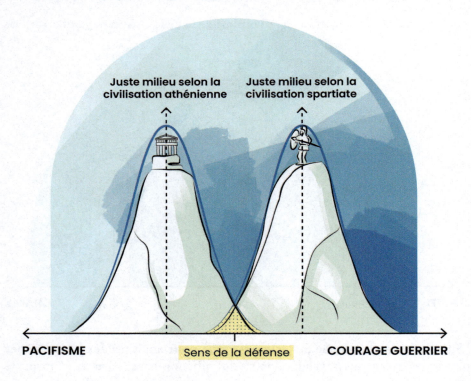

Ainsi, les valeurs fondatrices d'une société sont d'abord la résultante d'une somme de caractéristiques. De plus, il n'est possible de dégager des valeurs qu'à partir du moment où il y a des oppositions. C'est bien parce qu'il y a des valeurs différentes que l'on peut observer différentes sociétés.

Si tout était *égal par ailleurs* nous aurions une valeur unique et cela signifierait que nous vivons tous de manière monolithique. Or, ce n'est pas le cas. Là où la valeur centrale d'une société chrétienne sera d'atteindre un état d'être humble et serein, une vie heureuse dans le dépouillement, la valeur d'une société capitalistique sera d'être le plus riche et fier possible.

C'est pourquoi, il n'y a pas de bien ou de mal valables de tous temps en toutes circonstances. Une société ne crée pas ses valeurs à priori : elles naissent, évoluent et s'observent dans la vie de ses citoyens !

03.2 Je dois sans cesse revoir ma position

Que cherchons-nous ? Quelle est notre plus grande satisfaction ? Quelle est notre réalité ?

Il est de notre responsabilité de trouver cet endroit sur la courbe, celui où nous demeurons suffisamment sécurisés pour garder de la ressource et assez challengés pour ne jamais quitter la dynamique du vivant et développer notre potentiel de vie.

Qu'en est-il de cette dynamique ?

L'environnement donné, celui que nous analysons, évolue sans arrêt. Si je change d'environnement, si les règles de la société évoluent, je devrais trouver un nouvel équilibre. Nous l'avons d'ailleurs tous vécu à notre niveau lors de la crise sanitaire du Covid.

Selon **Hegel**, l'histoire est formée par une succession de situations stables. À chaque fois que la situation stable, ***thèse,*** s'installe, se développe en parallèle une ***antithèse*** qui s'y oppose, s'en suit la formation d'un nouveau tout, une ***synthèse*** qui constituera une nouvelle thèse, base de l'antithèse suivante et ceci de manière continuelle.

Ces dynamiques de l'histoire et de la société sont valables pour un environnement donné. Dès que l'environnement change, un nouvel équilibre va se former.

Ceux qui ne font pas l'effort de l'adaptation, la partie de la population qui reste figée dans une position qui n'est plus la bonne, va être amenée à ***disparaitre*** d'une manière plus ou moins évidente. **Darwin**[15] était expert pour exprimer ce principe de survie, notamment via l'observation des oiseaux pécheurs, pinsons du Galápagos. Sa démonstration montre que les oiseaux au bec le plus dur seront les plus aptes à survivre, dans un cas de mutation brutale de l'écosystème.

---

[15] C. DARWIN, *L'origine des espèces,* (On the Origin of Species by Means of Natural Selection, or the Preservation of Favoured Races in the Struggle for Life, 1859), Flammarion, 2008 (GF, numéro 1389)

« *Ce qui est grand dans l'Homme c'est qu'il est un pont et non un but : ce que l'on peut aimer dans l'Homme, c'est qu'il est une transition.* »[16]

- *Nietzche*

En effet, notre capacité d'évolution est fantastique et infinie. Nous sommes et nous restons, toute notre vie, des versions bêta de nous-mêmes. Nous avons ce pouvoir, cette possibilité, d'optimiser sans cesse notre condition, prenant en compte nos forces et les forces extérieures. Nous pouvons travailler à devenir de meilleures versions de nous-mêmes en trouvant la voie qui nous convient le mieux.

> **Le chemin universel, tout droit, unique et inéluctable n'existe pas, je dois sans cesse revoir ma position.**

Le chemin se cherche, il comprend des détours, et surtout il se vit, chaque fois se nourrit d'un peu plus... d'un peu mieux...

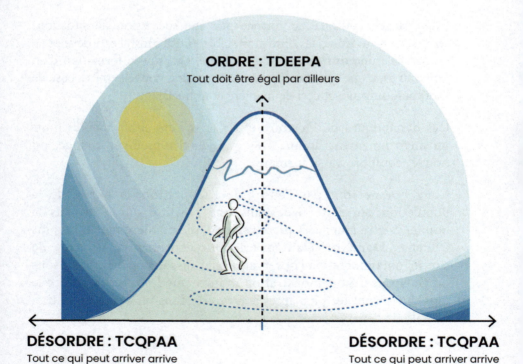

[16] F. NIETZCHE, *Ainsi parlait Zarathoustra*, traduction d'Henri Albert, 6ème édition, MdF, 1903

« *Par bien des chemins et de bien des manières, je suis parvenu à ma sagesse : ce n'est pas par une seule échelle que je suis monté à la hauteur. [...] Ceci est mon chemin, où est donc le vôtre ? Voilà ce que je répondais à ceux qui me demandaient le chemin. Le chemin, en effet, il n'existe pas.* »[17]

- Nietzche

Ainsi, il nous appartient de trouver notre position au sein de la société, dans nos jugements, et en toutes situations. Nous devons jouer chaque jeu, pas simplement pour gagner mais pour devenir un meilleur joueur à tous les jeux.

Notre position ne peut pas être aux extrémités 0 ou 1 mais toujours issue d'un mélange, d'une **distribution normale**, prenant en compte les données de la situation dans laquelle nous nous trouvons.

Ne pas chercher à progresser vers ce potentiel de vie plus large, plus grand, équivaut à choisir de rester **médiocre**. Non pas au sens du jugement de valeur mais bien au sens étymologique du terme. Rester médiocre consisterait à choisir définitivement la voie du milieu et y rester pour toujours ou littéralement : rester **coincé au milieu d'une montagne accidentée** qui ne nous satisferait pas (« *médius* » du latin « *au milieu de* » et « *ocris* » signifiant « *montagne accidentée* »).

La largeur de la courbe en cloche représentera notre capacité d'adaptation, ou plutôt, notre faculté de réponse à l'influence des événements et des forces contradictoires.

Il en va de même pour les sociétés. Plus les sociétés sont intégratives, moins il y a **d'asociaux**, plus elles sont menacées.

Pour qu'une société soit adaptable, agile face à un changement de caractéristiques dans l'environnement, il faut qu'elle soit ouverte. Plus une société est compacte, aseptisée, normalisée, standardisée, plus elle est **à risques**. En d'autres mots, plus une société est intolérante, plus elle est fragile. Plus nous tendons vers le **un** central et moins nous naviguons habilement avec les 2 forces. Plus nous nous mettons en danger de tomber dans une idéologie trop forte, plus nous annihilons nos chances de rebond.

---

[17] F. NIETZCHE, *Ainsi parlait Zarathoustra*, traduction d'Henri Albert, 6ème édition, MdF, 1903

Pour reprendre la symbolique mathématique, quand la gaussienne d'une société devient trop étroite, son risque de disparition augmente. De même une société sans aucune aspérité, sans aucune valeur, une gaussienne plate, est totalement impossible.

Nous retrouvons ici tout le paradoxe de notre positionnement entre liberté et sécurité.

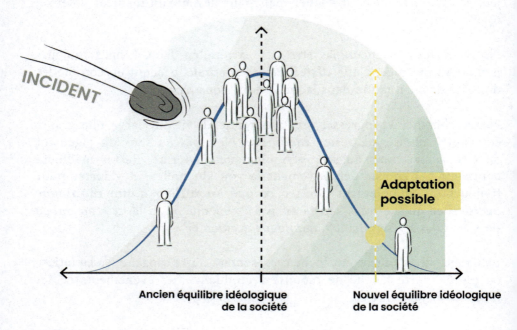

Courbe en cloche : société adaptable

Plus nous allons essayer de mettre la majorité de la population en **TDEEPA** (Tout Doit Être Égal Par Ailleurs), plus la courbe sera resserrée, plus nous allons mettre la société en fragilité par rapport à l'adaptation à son environnement et donc au changement.

En somme, plus nous favorisons le **TDEEPA** (Tout Doit Être Égal Par Ailleurs), plus nous créons une situation de fragilité et plus nous faisons émerger du **TCQPAA** (Tout Ce Qui Peut Arriver Arrive), qui va provoquer un changement d'environnement.

C'est ce que nous vivons dans notre société capitalistique où l'excès d'industrialisation engendre un réchauffement climatique qui met en risque sa propre survie.

Courbe en cloche : société courant à l'annihilation

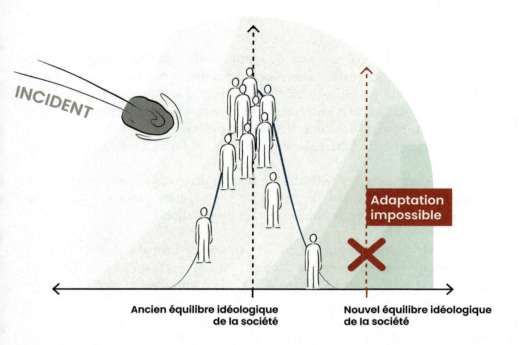

Paradoxalement un monde en proie à une compétition féroce va chercher à développer une réponse sociale. Un monde hyper-socialisé va chercher une réponse d'individualisation.

Encore une fois, il ne s'agit pas de se positionner dans un idéal absolu mais d'être capable de s'adapter en permanence et de trouver notre périmètre d'équilibre entre manques et excès.

« La parfaite raison fuit toute extrémité, et veut que l'on soit sage avec sobriété. »[18]
- Molière

C'est ce que défend **Aristote** lorsqu'il parle de vertu comme étant le comble de la valeur. Il décrit une propension que nous pouvons avoir, une disposition particulière, à toujours chercher un juste milieu entre deux vices. Si la vertu morale d'Aristote est un principe de stabilité, elle s'inscrit bien dans une dynamique et tire son origine de la pratique des actes vertueux.

---

[18] MOLIÈRE, *Le Misanthrope ou l'Atrabilaire amoureux* - (Philinte, acte I, scène I, vers 151-152), Poche, 2013

« C'est en pratiquant les actions justes que nous devenons justes, les actions modérées que nous devenons modérés ».[19]

- Aristote

Si intellectuellement il est aisé de comprendre que les extrémités sont dangereuses ou encore que nous sommes habités, construits par des forces contraires, ce qui est plus difficile dans la pratique est de ne pas subir les forces de rappel qui nous entraîneraient dans une zone inconfortable. Bien évidemment, nous avons tous été happés par cela à un moment ou à un autre, cela fait partie inhérente, entre autres, de notre expérience sociale.

Nous pouvons retrouver ce tiraillement, cette dialectique, dans de multiples situations, y compris dans le milieu de l'entreprise. Comment trouver le juste positionnement entre compétition et coopération ?

Dans l'entreprise, comme dans les relations humaines, tout est en transformation, en mouvement. Nous devons accepter qu'il s'agît d'un flux où les deux forces sont en permanence à la manœuvre et que la stabilité est illusoire.

Aussi, il est clair que la juste réponse ne consiste ni à rester en compétition exacerbée ni en coopération permanente. Chaque mixte entre les deux va constituer une réponse ou stratégie plus ou moins adaptée à un environnement spécifique.

Nous devons accepter que toutes nos réactions, même inadéquates, sont des réponses à notre volonté d'être. Si nous nous obligeons à rester dans une position non naturelle, qui ne fait pas sens pour nous, et qui n'est pas en phase avec notre être profond, alors nous allons exprimer de manière exagérée, potentiellement négative et destructrice.

---

[19] ARISTOTE, *Éthique à Nicomaque,* II, Paris, Flammarion, 1998, GF Philosophie.

03.3 Qu'est-ce que j'ai envie d'être ?

Ici nous ne jugeons pas du bon ou du mauvais sens ni du bon ou mauvais être ou agir. Nous tentons simplement de savoir où notre expérience nous a placés et si nous nous sentons bien là où nous nous trouvons.

> **Je trouve mon réglage, celui qui me correspond, entre des extrêmes dangereux, pour être dans le je veux et je peux.**

Bien entendu se remettre en question, changer, est difficile. Cela demande beaucoup d'ouverture d'esprit, d'écoute, de belles facultés d'adaptation, des efforts permanents en somme. Mais est-il préférable de changer volontairement, régulièrement ou de le faire par à-coups et sous contrainte ?

Regardons-nous. Prenons le temps de nous poser les questions. Suis-je à la bonne place ? Physiquement mais aussi psychologiquement.

Suis-je là où je peux créer le maximum de valeur pour moi ? Pour ma vie ? Pour une interaction sincère avec l'autre ?

Nourrir le sens que l'on donne à notre vie alimente notre sentiment de satisfaction et de gratitude, apporte de la profondeur à nos actions, produit des merveilles, développe l'amour et révèle les talents…

Parlons de **Mozart**, de **Picasso**, d'**Einstein**, parlons de tous ces gens qui ont passé un maximum de temps là où ils voulaient être. Évoquons ces gens qui ont osé exprimer leur singularité…

Parlons de ceux qui l'ont pratiquée, non pas dans leurs pensées, mais dans leurs actes.

Parlons de ceux qui, sans relâche, ont cherché à se rapprocher de leur paradis et à s'éloigner d'un enfer qui ne leur convenait pas…

Les problèmes surviennent quand nous ne nous sentons pas bien sur notre courbe, quand nous jouons des rôles, quand nous portons des masques pour faire bonne figure ou par peur d'être rejetés.

L'analyse transactionnelle d'Éric Berne interprète très bien ces postures psychologiques ou positions que nous prenons et qui ne nous correspondent pas réellement. Elle va même intégrer la logique de **drivers**, ces **chauffeurs** qui **prennent la main** sur nous et vont guider nos comportements de manière automatique, répétitive, parfois destructrice et surtout peu authentique.

À chaque fois que je me retrouve avec mes collègues en dehors du travail, je voudrais être tranquille, profiter de la relation, mais je me sens obligé d'alimenter la compétition et finalement ça me fait du mal.

Se positionner sur la courbe, c'est se demander : qu'est-ce que j'ai envie d'être ?

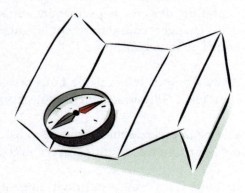

« Le plus grand voyageur n'est pas celui qui a fait dix fois le tour du monde, mais celui qui a fait une seule fois le tour de lui-même. »

- Gandhi

Avoir conscience de soi, c'est se donner l'opportunité d'utiliser les bonnes ressources au bon moment et d'être ainsi plus aligné avec son environnement.

Se connaitre, c'est mieux dompter l'ensemble de ses forces et les utiliser à bon escient pour une vie plus riche.

En psychologie, l'ego, la représentation que l'on a de soi-même, est considéré comme le fondement de notre personnalité. À la fois contributeur de la construction de soi, il peut aussi être une réelle entrave à notre développement personnel. Tout comme les autres forces, l'ego, peut être aussi créateur qu'il est destructeur. L'ego est moins ce que nous sommes que ce que nous croyons être.

Un individu qui se fait une fausse représentation de lui-même va alimenter une illusion et s'écarter de sa vraie nature.
Ici le sujet n'est pas de faire tout pour correspondre à la norme ni au bon sens, mais bien d'identifier ce qui fait valeur pour soi.

Quel est le socle qui nous correspond et que nous voulons alimenter ?

Pas assez d'amour de soi ou un manque total de confiance en soi inhibera toute création. Trop d'amour de soi nous fera tomber dans la vanité, nous isolera et inhibera nos facultés de socialisation/coopération et donc sera destructeur.

Comme pour toutes choses, il est question de dosage et d'agilité (capacité à nous mouvoir avec légèreté et souplesse).

La façon dont nous dosons, ou encore la position que nous adoptons sur la courbe, est fortement connectée à ce qui nous fait vibrer ou non.

Au-delà du plaisir ou déplaisir immédiat associé à une situation, c'est bien notre état émotionnel qui influencera notre position sur la courbe.

Suis-je satisfait du résultat ? Comment dois-je adapter le réglage ? Quelle est la part de l'ego dans ma décision ? Dois-je l'augmenter ou la diminuer pour être mieux ?

> **J'apprends à m'aimer et à me respecter à la hauteur qui me convient.**

Trouver sa juste position, cultiver la flexibilité, l'agilité, changer en conscience est naturellement une gymnastique d'esprit. C'est un travail que l'on se donne ou non le droit de faire et qui nous permet d'éviter la douleur.

> **J'ai conscience que les choses bougent. Pour ne pas subir, je dois pratiquer, m'adapter et ré-évaluer sans cesse ma position.**

03.4 La dissonance peut être source d'harmonie

> **Dans un monde mouvant où je réadapte sans cesse ma position, la dissonance peut être source d'harmonie.**

Les belles compositions ne se font jamais de manière monotone. Il n'y a jamais un absolu qui remporte tout de manière complète. S'enfermer dans un idéal revient à s'appauvrir. À retomber dans le monopole de l'un.

Le monde moderne nous fait croire que l'on peut tout contrôler, tout calculer. C'est l'apogée des algorithmes magiques, générateurs de justes équilibres raisonnables. Ceux-ci semblent prendre en compte tous les critères. Ne le font-ils pas de manière froide et dénuée du sens de vie ?

Doit-on forcément tendre vers une perfection logique ?

Les Grecs avaient cette approche très intéressante de toujours chercher à voir les choses sous deux angles. C'est ce qu'ils appelaient le « *Dissoi Logoi* » ou argument à deux volets. Au départ, cette vision servait à nourrir les débats rhétoriques. Dans ce contexte, il était demandé aux élèves de systématiquement lister les positions adverses d'une même argumentation. Connaître tous les aspects d'un sujet permettait : soit de donner du corps à son exposé, pour mieux convaincre l'autre, soit de parvenir à un compromis, qui se pourrait être une vérité plus profonde.

Voir le monde et les choses sous différentes facettes peut nous faire grandir en termes de lucidité. Et surtout nous redonne accès à une forme de liberté et de lâcher-prise rationnel.

« Il est insipide de ne se nourrir que de douceurs ; il faut y mêler de l'âcre, de l'acide et même de l'amer pour exciter le goût. Qui n'a pas goûté l'amertume n'a pas mérité la douceur, et, bien plus, ne l'appréciera pas. C'est la loi même de la joie, de sorte que le plaisir ne procède pas d'un cours uniforme, car il enfante l'ennui et rend stupide, non joyeux. »[20]

- Leibniz

Pour **Leibniz**, vouloir apporter un supplément d'âme à sa vie, un complément de sens, c'est quitter l'ennui de l'ordre aseptisé :

« les désordres apparents ne sont que comme certains accords dans la musique qui paraissent mauvais quand on les entend seuls, mais qu'un habile compositeur laisse entrer dans sa pièce, parce qu'en les joignant avec d'autres accords, ils en relèvent le goût, et rendent toute l'harmonie plus belle. »[21]

Laisser entrer de la variété et de la dissonance dans notre vie présente cet intérêt qu'il permet de contraster avec la moyenne et laisse de la place à la création de valeur. Cela donne du relief à l'harmonie, « unitas in varietate » et nourrit un sens plus profond, du fait du champs creusé des possibles.

« On m'objectera qu'un système fort et uni sera sans imperfections, je réponds que ce serait une irrégularité d'être trop uni, cela choquerait les règles de l'harmonie. »[22]

- Leibniz

Leibniz fait l'éloge des contrastes et des dissonances parce qu'ils stimulent l'intelligence de vie, parce qu'ils apportent avec eux plus de fantaisie, plus d'énergie, plus de liberté et parce qu'ils contribuent à une harmonie plus grande.

---

[20] G. W. LEIBNIZ, *De rerum originatione radicali*, dans : *Œuvres*, éd. Lucy Prenant, Paris, Aubier Montaigne, 1972
[21] G. W. LEIBNIZ, *Lettre à Sophie*, 21 janvier 1713, dans *Onno Klopp* (dir.), Die Werke von Leibniz, 11 vol., Hanovre, 1864-84, volume VIII
[22] G. W. LEIBNIZ, *Essais de théodicée*, II, § 211.

Dans la même idée, le philosophe **Théon de Smyrne**, s'exprime au sujet de la coïncidence des opposés ou « *coincidentia oppositorum* ». Il valorise la vision pythagoricienne de la musique comme étant « *une combinaison harmonique des contraires, une unification des multiples et un accord des opposés* ».

Cette pensée s'avère très éclairante, car derrière l'harmonie musicale, il est bien question d'analogie avec l'harmonie personnelle.

Celui qui œuvre pour cultiver le multiple et la variété des tonalités aura un résultat logiquement imparfait… mais tellement plus beau !

> **J'apporte de l'intensité et de la variété à ma vie pour mon plus grand plaisir, en abandonnant l'idée d'une maitrise parfaite et automatique.**

03.5 Accepter c'est mieux composer

Nous pouvons commettre l'erreur de nous en prendre à des choses que nous ne pouvons pas changer.

« Que la force me soit donnée de supporter ce qui ne peut être changé et le courage de changer ce qui peut l'être mais aussi la sagesse de distinguer l'un de l'autre. »[23]

– Marc Aurèle

Pour autant nous ne sommes pas condamnés à reproduire un idéal qui n'existe pas. Et si nous décidions de ne plus subir mais bien de vivre ?

Si nous nous réconciliions avec nous-mêmes, si nous prenions conscience de qui nous sommes, de notre potentiel, de nos fragilités ? Si nous acceptions notre part d'ombre et de lumière, si nous considérions ces contradictions comme une richesse, comme une opportunité de créer une symphonie plus belle : au pluriel ?

Et si nous arrêtions de courir après la perfection ou le progrès, que nous choisissions d'être vivant ici et maintenant, entièrement, intensément ? Si nous étions prêts à recommencer sans cesse, sans lutte et avec plaisir ?

Pour que la symphonie soit plus authentique, pour qu'elle soit plurielle, n'est-il pas temps d'accepter de vivre plus en harmonie avec notre environnement ?

---

[23] M. AURÈLE, *Pensée*, publié dans Coaching, Monde, psychologie, Références par Mathilde Bettuzzi

Je comprends que pour ne pas subir je peux composer.

J'accepte de créer avec tout ce que j'ai, tout ce qui me constitue, toutes mes contradictions, pour que la musique sonne plus juste, pour qu'elle soit plus belle, plus longtemps.

4

ET SI J'AVAIS UNE MEILLEURE **CONNAISSANCE** DE MOI ET DE MON RÉEL ?

Travailler sur ses contradictions c'est d'abord décider de faire la paix avec soi-même, choisir de se connaitre. Être capable d'accueillir les choses telles qu'elles sont, pouvoir assumer son véritable moi, abandonner l'idée de convaincre les autres, de blâmer la vie ou de se persuader soi-même, c'est se donner la possibilité d'agir plus facilement, de se sentir bien.

Comment atteindre l' *« Amor Fati »*, amour inconditionnel de mon destin, dont parle **Nietzche** ?

Comment puis-je décider de prendre la main, d'être la main, de mettre la main à la pâte... ou peut-être bien les trois ?

04.1 Vie et existence

Si vivre ou ne pas vivre est la vraie question, alors je décide de vivre !

Vivre ou ne pas vivre ? N'est-ce pas finalement la bonne traduction de l'interrogation d'Hamlet : « *To be or not to be* » ? Oui, je peux décider de mourir. Je peux être mort plutôt qu'être vivant, mais je ne peux pas ne pas être. La mort nous retire la vie, pas l'existence.

L'existence, dès qu'elle se manifeste, devient éternelle. C'est ce qu'expriment **Nietzche** avec « *l'éternel retour* » ou les cosmologistes modernes avec le multivers.

Nous sommes, quoi qu'il arrive, que nous le voulions ou non. Tant qu'à être, soyons le pleinement, et choisissons de vivre !

« *Oui, mais il faut parier ; cela n'est pas volontaire, vous êtes embarqué.* »[24]

- Pascal

Je décide de vivre, alors je suis qui ? Je suis quoi ?

Je peux me persuader de choses, porter des masques, être acteur dans mon propre environnement. Je peux consciemment ou inconsciemment ne pas accepter qui je suis, ou tout du moins pas complètement. Nous sommes nombreux à le faire et même à être capable de ***vivre*** toute une existence ainsi.

---

[24] B. PASCAL, *Pensées*, Paris, Seuil, 1962

04.2 Je veux retrouver ce qui m'anime

Dans un monde où les repères sont bousculés, il n'est pas rare d'entendre le besoin exprimé de faire une pause, pour « *se retrouver* », « *redonner du sens* ». Étymologiquement, nous pourrions dire « *je veux retrouver, ce qui m'anime, ce qui me met en mouvement* », « *mon âme* » ou « *anima* » en latin. Retrouver ce que je veux. Retrouver ce que je peux. Encore faudrait-il savoir de quoi il s'agit…

Quels sont mes moteurs ? Quels sont mes freins ? Qu'est-ce qui fait ma singularité dans un monde pluriel et mouvant ? Qu'est-ce qui fait que j'ai la capacité de bien vivre ou non ?

> **J'ai envie d'être libre… libre d'être moi.**

Je veux pouvoir naviguer avec mes voiles, me déplacer avec aisance, le long du fil de la gaussienne, je veux composer avec ce que j'ai… et en faire le plus beau des voyages.

Il y a ce qui est, en tant que tel, et puis, il y a ce que nous entendons, voyons, tout ce que nous percevons.

Comme si cette représentation ne suffisait pas, nous allons lui adjoindre une couche, notre jugement de valeur ! C'est précisément ce jugement que **Marc Aurèle** nous suggère de discipliner.

« Si tu souffres à propos de quelque chose d'extérieur, ce n'est pas cette chose qui te trouble, mais ton jugement sur elle ; il dépend de toi de le faire disparaître. »[25]

- Marc Aurèle

Il me faudra simplement accepter les mécanismes, avoir conscience des fonctions, pour mieux créer avec.

« Ceux qui n'apprennent rien des faits désagréables de leurs vies, forcent la conscience cosmique à les reproduire autant de fois que nécessaire, pour apprendre ce qu'enseigne le drame de ce qui est arrivé. »

« Ce que tu nies te soumet. Ce que tu acceptes te transforme. »

- Carl Gustav Jung

Ici, nous parlons bien d'apprendre et éventuellement d'opérer des transformations pour trouver un équilibre qui nous est propre, une harmonie avec notre environnement.

Partons ensemble à la recherche de notre conscience et de notre sensibilité profonde.

Pour ne pas tomber dans le conflit intérieur de **Paul de Tarse :** *« Ce que je veux, je ne le fais pas, mais ce que je hais je le fais »*.

Pour éviter de lutter contre le refoulement qui épuise. Celui qui vise à nier mes contradictions et qui fait que le conflit réapparaîtra tôt ou tard mais avec une violence accrue. Pour rétablir le lien, parfois perdu, entre nos différentes ressources : physique, émotionnelle et mentale. Pour nous sentir plus ***en phase*** ou alignés dans tous les aspects de notre être. Pour accorder une plus grande importance aux trésors que nous portons en nous.

[25] M. AURÈLE, *Pensée*, op. cit.

« *Aie confiance en toi-même et tu sauras vivre.* »[26] - Goethe

Savoir vivre… ou comment maintenir ce trait-d'union avec nous-mêmes ? Comment plonger en soi sans craindre de tomber sur des tiraillements, des désirs opposés ?

[26] J. W. GOETHE, *Faust*, Paris, J'AI LU, 2004, (Poche)

04.3 Réel et représentations

> **Je suis ce qui se passe à l'intérieur de moi. Je suis influencé par ce qui se passe à l'extérieur de moi.**

Entrons ensemble, dans une compréhension plus fine du système qui conditionne nos comportements.

Ce système est relativement simple en façade. Il comporte à la fois ce qui est à l'extérieur de nous et qui constitue le réel et ce qui est à l'intérieur de nous, qui intègre deux grandes puissances complémentaires : un ***moi raison*** et un ***moi émotion***. Chaque partie est distincte, caractérisée par un fonctionnement qui lui est propre, et pourtant les parties interagissent bien entre elles. Nous quittons alors le dualisme cartésien opposant corps et âme pour entrer dans la découverte d'un système cognitif à deux étages, connectés par un incroyable ascenseur biologique.

Attardons-nous, dans un premier temps, sur ce qui est à l'extérieur de nous.

En dehors de nous se trouve le réel, qui peut aussi se définir par ***les choses en soi***. Celles-ci existent par leurs caractéristiques intrinsèques : ***ce qui existe en fait***, ***ce qui est***, en opposition avec l'imaginaire, le fictif.

Et pourtant, pensez-vous que le réel est le même pour tous ?

Le réel n'est jamais pris de manière « neutre » mais toujours avec un prisme de lecture. Autrement dit, tout ce qui nous entoure n'est que représentation que l'on s'en fait. Comme si nous avions une grille d'analyse interne qui allait sans cesse attribuer une existence à telle ou telle chose, à tel ou tel objet.

> « Il n'y a pas de faits, seulement des interprétations. [27] »
>
> - Nietzche

---

[27] F. Nietzche, *Fragments posthumes*, automne 1884-automne 1885, Paris, Gallimard, 1982

En soi, et de manière purement scientifique, le réel c'est des informations que nous captons par nos sens. Ce que nous allons en faire, c'est un traitement qui nous est propre. Notre cerveau va recevoir des signaux électriques, envoyés par nos sens, et les traduira en une représentation interprétée et cohérente, notre modèle du réel. Nous n'avons donc jamais accès au réel, mais à une représentation qui est propre à chaque individu.

Je suis sensations et représentations.

« Tout le monde regarde ce que je regarde mais personne ne voit ce que je vois. »
- Chateaubriand

Nos croyances façonnent notre modèle du réel. Mais, le plus souvent, nous confondons modèle et réalité.

Ainsi, si le réel est bien réel à l'extérieur, il n'existe jamais vraiment tel qu'il est quand il passe par notre filtre interne.

Saviez-vous par exemple que les couleurs n'existaient pas ? Ce qui existe ce sont des ondes lumineuses. Notre système interne va les recevoir et créer des codes d'interprétations : en l'occurrence ici, des couleurs. Cela explique qu'il n'a jamais pu être scientifiquement prouvé que nous percevions tous les couleurs de la même manière.

Donnez-nous un flux unique et identique d'informations, nous en ferons différentes traductions.

C'est précisément ce qui arrive lorsque l'on montre une même image à plusieurs personnes qui vont s'en faire une représentation, chacune persuadée d'être dans le juste, le réel, le factuel.

De notre point de vue, le réel n'a d'existence que si nous pouvons lui en créer une.

C'est exactement ce que nous retrouvons dans la théorie de l'immatérialisme de **Berkeley**. Le philosophe britannique du XVIIIème siècle nie l'existence de la matière et ramène toutes réalités aux projections que nous nous en faisons. Selon lui, c'est la perception qui fait la réalité. Ce qui conditionne l'existence de quelque chose est qu'elle puisse être perçue « *esse est percipi* ».

Un arbre qui tombe dans une forêt fait-il du bruit si personne ne l'entend tomber ?

Une pomme peut avoir différentes propriétés : forme, matière, couleurs, … Mais ces propriétés peuvent-elle exister de manière indépendante de nous, si nous ne pouvons pas imaginer, par exemple, ce qu'est l'absence de couleur ou si les autres caractéristiques n'existent pas hors de notre esprit ?

04.4 Biais

J'ai conscience que mes sensations peuvent être biaisées.

Nos décisions sont influencées par des biais cognitifs. On pense par exemple aux biais socio-culturels mais nous allons voir qu'il y en a d'autres. Ceux-ci vont faire que nous n'allons pas ressentir la même chose d'une personne à une autre.

Appréhender cela et le reconnaitre c'est se donner l'opportunité de prendre du recul sur les choses, les personnes ou les situations. En effet, la sagesse consisterait à veiller à ne jamais confondre la réalité avec notre perception.

« Nous ne voyons jamais les choses telles qu'elles sont, nous les voyons telles que nous sommes. » - Anaïs Nin

Évoquons les biais les plus fréquents.

Tout d'abord le biais de disponibilité ou biais émotionnel. Celui-ci fait référence à notre prise de décision et comment elle peut être impactée, non seulement par la quantité de données ou leur qualité mais aussi par la charge émotionnelle qu'elles transportent.

Notre accueil et appréhension des choses vont être impactés par le contexte dans lequel nous nous trouvons et par l'écho ou résonance que cela fait à notre vécu.

Par exemple, nous allons parler beaucoup plus longtemps des impacts d'un accident d'avion que des dégâts causés par la route, quand bien même le nombre de décès est significativement plus élevé pour les accidents de la route.

Parce que les informations ne revêtent pas toutes le même impact émotionnel, nous ne leur accordons pas le même poids.

C'est aussi pour cela que nous insistons sur l'importance de la **première impression** lors d'une rencontre. En effet, cette dernière va souvent conférer une couleur à la suite de la relation.

Cela est vrai pour nos rencontres physiques mais aussi pour nos toutes premières expériences.

Souvenez-vous de votre première rencontre avec un chien…

Était-ce amusant ? Effrayant ? Ou agréable au point de devenir votre inséparable compagnon de nuit ?

Un autre biais est celui de négativité.

Nous avons ce rapport humain au négatif qui fait que nous allons, le plus souvent, penser à fuir la perte qu'à générer du gain. De la même manière, nous allons fuir tout ce qui peut s'assimiler de près ou de loin à la douleur, sans considérer que celle-ci peut comporter du positif.

Si une chose nous fait peur, ou a suscité une expérience traumatique chez nous, elle va nous pousser à développer des efforts considérables pour l'éviter. Cette aversion au négatif va très largement influencer le sens que nous donnons aux évènements. Nous verrons plus tard que repousser le négatif n'est pas toujours la meilleure des stratégies pour nous : s'y confronter, peut, contre toute attente, être bénéfique.

Alors que **Baudelaire** disait « *Sois sage, ô ma douleur, et tiens-toi plus tranquille !* », **Nietzche** invitait à la prendre en compte. Si « *(elle) ne nous tue pas, (elle) nous rend plus fort* ».

Puisqu'elle fait partie de nous pourquoi ne pas l'accepter, l'accueillir pour mieux la dépasser ?

« *À quelque chose malheur est bon…* »

Enfin, parmi de nombreux autres biais, il y a le biais de confirmation.

C'est celui qui vise à dire que je vais agir dans le sens de mes croyances. Je vais aller vers ce que je connais même si ce n'est pas forcément la solution optimale. Je vais chercher dans mes souvenirs des éléments qui vont confirmer a posteriori ma position, valider que j'ai bien fait d'opérer ainsi. C'est ce qui est théorisé notamment dans l'**effet pygmalion**.

Le biais est d'autant plus puissant que nous avons une forte propension à déformer nos souvenirs.

Nos souvenirs sont certes des remémorations mais aussi et surtout des constructions. C'est le fruit de l'alliance entre nos représentations et notre imagination, le tout vivant à partir d'un vécu qui n'existe plus.

À tort, nous avons l'impression que les événements du passé nous définissent. En réalité l'histoire, notre histoire, nous nous la racontons, nous la construisons et la reconstruisons au fur et à mesure du temps. Nos souvenirs sont en constante création, recréation. Notre mémoire déforme notre vécu, notamment en fonction des émotions que nous y avons associées.

Entre l'ordinateur et le magicien, notre cerveau assemble et juxtapose des éléments qui sont présents dans notre mémoire à long terme et des éléments de son vécu actuel. Il combine le passé avec ce qu'il voit, entend, pense et apprend de nouveau.

Cela explique notamment, pourquoi il nous arrive d'enjoliver le souvenir d'une période heureuse quand nous traversons une période difficile ou encore d'amplifier le souvenir d'une tristesse passée parce que cela sert notre construction actuelle, d'une manière ou d'une autre. En définitive, nous écrivons notre histoire en fonction des faits que nous retenons et de la cohérence que nous « voulons », même inconsciemment, leur donner.

Ce que nous enregistrons nous est propre. C'est pourquoi, des jumeaux par exemple vont recevoir les mêmes signaux extérieurs mais ne vont pas imprimer les mêmes souvenirs.

Je comprends que mon cerveau construit un réel qui m'est propre à partir de mes sensations.

Mais alors qu'est-ce qui va déterminer notre expression subjective du réel ?

Ce que l'on a mis dans notre tabula !

5

ET SI J'APPRENAIS DE MES **EXPERIENCES** ?

Notre interprétation du monde va dépendre de nos paradigmes, de notre posture cognitive, de l'environnement dans lequel nous évoluons, de la connaissance que nous avons de nous-mêmes et de notre faculté à avoir de l'attention et un esprit critique. Mais c'est toujours via un certain nombre d'expériences que nous accédons à une perception subjective du monde extérieur.

Autrement dit, l'expérience est notre moyen d'interaction avec le réel.

05.1 Ma lecture du monde par mes expériences

> Je suis toutes les expériences que je vis.

Partons du principe que nous naissons avec une **Tabula Rasa**, une table quasi vierge, qui va se remplir, au cours de notre vie. Au gré des années, nous allons venir écrire sur notre table, imprimer des motifs.

C'est dans le Théétète[28] que **Platon** utilise la métaphore de la tabula rasa. S'interrogeant sur la nature de la connaissance, **Socrate** émet l'hypothèse qu'il y a dans nos âmes des tablettes de cire. **Socrate** se réfère ici aux tablettes que les Grecs utilisaient comme support de l'écriture.

Ces impressions de vécus font que notre tabula ne sera plus jamais vide ou « *rasa* ».

Chaque expérience que nous allons vivre va être associée à une sensation, celle-là même qui va donner lieu à une émotion.

Le point d'entrée sont les sens. Il n'y a pas d'expérience externe qui puisse être vécue sans passer par les sens. Nous verrons par la suite que peuvent également exister des expériences internes.

Prenons un exemple pour illustrer le propos.

Je suis un enfant, je n'ai jamais vu de chien. La première fois que je vois un chien, celui-ci se montre doux et affectueux. Dès lors, j'associe le chien à un être gentil et à une émotion positive.

Le tout jusqu'à ce qu'il me morde et que j'intègre cela à ma **tabula** : une nouvelle image de chien méchant s'imprime alors, avec elle vient une émotion négative.

---

[28] PLATON, *Théétète*, 191 c-d, trad. Cousin, archivel

Cette émotion positive ou négative, corrélée à une expérience, va être stockée dans notre mémoire épisodique long terme comme un motif émotionnel. Chaque expérience est polarisée émotionnellement avec une intensité plus ou moins forte, c'est ce qui va nous permettre de cumuler des expériences et d'en faire évoluer la puissance ou de comparer des expériences entre elles. L'ensemble de ces motifs émotionnels constitue la structure de notre état émotionnel ou notre bibliothèque émotionnelle.

Dès lors, nous touchons du doigt quelque chose de très important. Cet état émotionnel est notre moteur inconscient, celui qui impacte nos décisions et surtout celui qui est responsable de toutes nos actions !

Ce qui nous intéresse, pour le moment, c'est de découvrir comment tout ce que nous vivons, comment toutes les expériences auxquelles nous sommes confrontés, volontairement ou involontairement, vont avoir un impact en générant des émotions, en imprimant des motifs automatiques. Comment sommes-nous conditionnés et d'où viennent ces fameux biais de représentation résultant de nos expériences vécues ?

Intéressons-nous à ces expériences et à leurs différentes natures.

Je découvre ce qui s'imprime sur ma tabula et qui a une telle influence sur moi.

La source de nos connaissances est d'origine expérimentale. C'est-à-dire que, tout au long de notre vie, nous sommes confrontés à de nombreuses expériences auxquelles nous allons être soumis de manière passive ou auxquelles nous pourrons nous soumettre activement.

05.2 Expérience innée

Bien que nous ayons suggéré que nous naissons avec une **tabula rasa**, cette expression n'est pas juste dans le sens où nous venons systématiquement au monde avec un bagage. Un bagage que nous n'avons pas choisi et qui nous est légué.

Konrad Lorenz, biologiste père de l'éthologie classique s'est attaqué dans les années cinquante au débat behavioriste sur l'inné et l'acquis.

Alors que les behavioristes soutiennent que l'instinct n'existe pas et que tout comportement est acquis par l'apprentissage, Lorenz propose une analyse concrète de l'instinct, fondée sur ses observations sur des animaux, et leurs comportements innés en milieu naturel. Il va se demander comment l'animal va avoir un comportement instinctif dès sa naissance, et **savoir** réagir à plusieurs situations, sans avoir appris ces comportements ?

Il remarque que certains comportements d'animaux sont spécifiques à leur espèce, qu'ils sont reproductibles et comparables de manière transverse pour tous les animaux du même type et quelle que soit l'époque. Il parle d'« *origine phylogénétique […] inscrit[e]s dans le génome* ».

Ainsi, les bébés oies, par exemple, vont suivre le premier objet animé qui se présente à eux lors des premières heures, jours de vie, et lui attribuer la figure parentale, même si ce n'est pas le cas. Les rats, eux, se fieront à l'odeur de leur mère pour suivre ou non l'objet animé, les singes auront encore une autre réaction qui consistera à donner plus d'importance à la douceur apportée par la personne ou l'objet réconfortant qu'à la capacité de ce **parent** à le nourrir.

Si l'animal réagit de façon adéquate à un stimulus adéquat, alors qu'il n'a jamais été mis en présence d'un moyen permettant de le renseigner, il est aisé d'admettre qu'il s'agit d'une connaissance innée de l'animal.

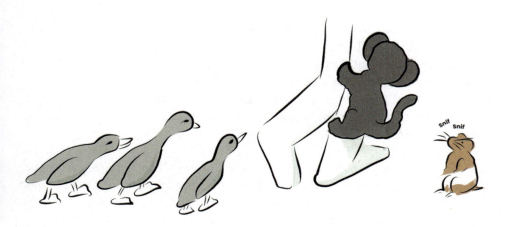

Ce qui est valable pour les animaux vaut également pour l'Homme. Quelque part cela correspond au bagage de toute l'espèce, toutes les générations qui nous ont précédés. Ce dernier n'est pas imprimé dans la mémoire mais dans nos gènes. L'inné représente la codification génétique de l'expérience, de tout le monde vivant qui nous a précédés. Nous pourrions aussi l'appeler notre « patrimoine héréditaire ».

Nos choix, nos actions, nos émotions sont profondément marqués par l'héritage inconscient de toutes les civilisations et espèces qui nous précèdent.

C'est ce que met en lumière le psychiatre Suisse **Carl Gustave Jung** lorsqu'il parle de l'inconscient collectif. Il définit l'inconscient comme la partie de notre esprit qui contient toutes les pensées et mémoires dont nous ne nous souvenons pas et qui jouent pourtant un grand rôle dans notre comportement. L'inconscient personnel est propre à chacun, il s'inspire de nos actions quotidiennes. L'inconscient collectif, lui, représente les fonctionnements humains, universels, au sens qu'ils sont partagés par tous et qu'ils réapparaissent dans l'histoire humaine, quels que soient les époques ou les lieux.

C'est ainsi que, de manière innée, sans effort conscient et sans strate éducative, nous allons être conditionnés par des sons, des images, des symboles ou archétypes qui vont influencer notre vision du monde. Cet effet de transmission est complètement indépendant de notre volonté.

Nous faisons tous partie d'un système, comprenant : une histoire, un art, un langage, des possibilités techniques, des habitats, des idéaux d'existences qui nous caractérisent. Ceux-ci ne peuvent être compréhensibles, dans leur subtilité inconsciente, qu'à condition d'en faire l'expérience immersive et globale. C'est d'ailleurs ce qui nous mène à reproduire des actes ou des pensées de manière automatique et situationnelle, sans même nous en rendre compte.

Les clés de langage sont de très bons exemples de nos schémas innés. **Claude Levi Strauss** met en avant le fait que les catégories grammaticales des langues sont fondées sur des éléments essentiels, répondant aux exigences de chaque civilisation. Ainsi, la culture française va transmettre l'importance du nombre et du temps dans l'expression. Lorsque je dis « *L'homme a tué le cheval.* » j'indique de façon précise le nombre d'acteurs et j'indique que l'événement est situé dans le passé. Notre civilisation est une civilisation qui a besoin de quantifier les objets, les individus et d'avoir des repères temporels : passé, présent, futur.

Dans d'autres langues nous trouverons des indications plus essentielles pour le groupe, comme l'indication de la proximité ou de l'éloignement par rapport au sujet qui parle. C'est une notion très importante notamment pour des populations qui n'ont pas de moyens de transports mécaniques.

Certaines langues africaines, par exemple, ne préciseront jamais le genre du sujet, masculin ou féminin, mais intégreront systématiquement des indications sur sa taille ou son caractère animé ou inanimé. Exemple : « *petit enfant jouant* » ou « *grande personne malade* ».

Ainsi, selon notre environnement culturel, l'expérience ne sera pas retenue de la même manière, et nous n'y mettrons pas les mêmes éléments de lecture ou d'expression de la réalité.

En complément de cet héritage collectif et culturel, dès le plus jeune âge, nous faisons l'expérience de besoins, de capacités absolument instinctives et inhérentes à notre condition humaine.

Introduits vers la fin de la seconde guerre mondiale, les travaux des éthologues **Konrad Lorenz et du couple Bowlby** sur la « *théorie de l'attachement* » vont montrer que les bébés vont agir selon cinq compétences innées dans le but de s'attacher à leur mère, et ce quels que soient leurs contextes de vie.

Nous retrouvons : la capacité de succion servant à la tétée, la capacité à s'accrocher, celle à sourire, pleurer ou encore celle qui consiste à suivre du regard. Si l'enfant développe cette empreinte de manière systématique c'est pour nourrir son besoin de sécurité, sans lequel il ne pourra pas correctement grandir et devenir autonome.

Selon **Bowlby** ce besoin d'attachement inné, la proximité physique et la disponibilité émotionnelle dont il va bénéficier de la part de l'adulte référent, en l'occurrence la mère, revêt une importance aussi grande que celle de boire ou de manger. Elle va conditionner les modèles mentaux que l'enfant se construit et qui exerceront une influence significative dans ses relations interpersonnelles.

En effet, c'est ce processus de liaison avec notre figure d'attachement, qui va, pendant la première année de notre vie, générer des « *Modèles Internes Opérants* » responsables de : notre estime de nous, notre faculté plus ou moins forte à nous aimer et à être aimé, et notre rapport aux autres, dans le sens de l'attention à nos besoins dans la relation.

Cette théorie a été soutenue par de nombreux tests, dont certains très controversés dans la méthodologie. Nous pensons en particulier à l'expérience du « *Petit Albert* » de **John Watson**.

Ce qui est à retenir de cette expérience innée, c'est qu'elle est le socle à partir duquel nous partons explorer le monde.

Les psychanalystes comportementalistes **Belsky, Rovine, Taylor, Main & Solomon** mettent en avant la corrélation entre le degré de nourriture affective que l'enfant recevra et les schémas types dans lesquels il se placera :

 enfants sécures capables d'explorer,

 enfants anxieux-évitants qui tentent de s'auto-suffire pour éviter la dépendance aux autres,

 enfants anxieux ambivalents qui exagèrent la demande d'attention et sont dans une telle dépendance affective qu'ils se privent de s'investir avec d'autres,

 enfants désorganisés-désorientés, qui ne parviennent pas à s'attacher de manière cohérente et oscillent entre tentatives d'approches et mécanismes de défense.

Un enfant a besoin de sentir l'amour pour savoir ce qu'il peut en faire. Lorsqu'un enfant apprend, dès sa plus tendre enfance, qu'il est digne d'être aimé et que ses parents sont là pour l'aider, il aura plus de chance de développer, à l'âge adulte, des relations satisfaisantes à lui-même et d'évoluer dans des matrices relationnelles saines.

Pour aller encore plus loin, nous comprenons aisément comment la base de la sécurité familiale, comme cadre systémique, va être déterminante dans la construction d'un modèle familial ou d'une vie de groupe avec un cadre affectif.

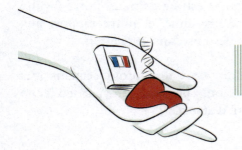

Une partie de ce que je suis m'est léguée par ce qui m'a précédé.

05.3 Expérience d'autorité

Après la plus tendre enfance nous sommes très vite à *l'expérience d'Autorité.*
À savoir, il y a les règles de la planète et puis les règles que nous apprenons.
Les règles de la planète correspondent au fait que nous faisons partie d'un univers. Cet univers, système physique, est propice au développement de notre existence et d'une vie intelligente. Sa dimension nous dépasse. Pourtant, suivant le principe anthropique, nous tentons de l'observer et de l'étudier tout en étant à l'intérieur de lui. Cela n'est pas aisé et comporte bien évidemment des biais.

En d'autres termes, nous sommes de la matière qui essaye de se contempler. C'est là toute la mission des sciences ou encore des religions qui veulent à tout prix formaliser une représentation juste du monde.

Comment, étant devenus une matière si complexe, pouvons-nous prétendre être capables de tout savoir ? Comment pouvons-nous imaginer connaître un univers si grand que nous n'avons jamais expérimenté ?

Se placer en supériorité de cette complexité, de cette richesse, c'est prendre le risque de se méprendre, même si cela fait bien partie des règles que nous apprenons…

La connaissance d'autorité est celle qui nous vient de nos parents, prêtres, professeurs, experts, supérieurs, tous ceux qui se placent au-dessus de nous comme des **sachants**. Tout ce à quoi nous attribuons une autorité. Nous pouvons aussi parler d'influence sociale et morale.

Nous l'appréhendons comme une série de règles que la société nous impose. Un code de conduite. Chaque règle provient bien d'une expérience effective de membres de notre société, souvent les plus éminents, les plus reconnus. Cette expérience va être jugée suffisamment importante à la survie de notre société, aussi nous allons prendre cette règle et la transmettre aux générations suivantes et ce, même sans l'éprouver de manière effective.

De manière automatique, nous allons coller des étiquettes sur des choses ou des situations, sans chercher à les vivre à nouveau pour les valider. C'est ce que « *Les accords Toltèques* », de **Miguel Ruiz**, appellent le processus de « *domestication de nos croyances* ». Il explique, en outre, que ce processus est à l'origine de nombres de nos souffrances, n'étant pas forcément en adéquation avec notre personnalité profonde.

Au niveau chronologique, la première influence que nous subissons est bien sûr l'influence parentale. Nos parents ont bien plus souvent tendance à nous dire comment il faut être plutôt que de nous pousser à être nous-mêmes.

Il est clair que toutes les expériences d'autorité nous marquent d'empreintes dont il est très difficile de se séparer.

Ce principe n'est pas nouveau et a existé de tous temps. C'est d'ailleurs pour cela que nous trouvons autant de règles de comportements que de règles d'hygiène, dans les commandements de l'ancien testament.

Pour donner force au respect de ces règles, la société a créé un certain nombre de peurs.

Qu'existe-t-il de plus convaincant que d'associer la souffrance au non-respect de la Loi ?

Pour que cette peur puisse mieux fonctionner, un monde de souffrance éternelle a été promis aux déviants. La mise en place de cette épée de Damoclès collective permet d'être certains qu'on ne puisse pas y échapper. Nous avons grandi avec le principe de cette figure d'autorité qui nous observe en permanence et juge de la conformité de nos actions.

Puis au fil du temps, nous en venons même à oublier l'expérience d'origine, la légitimité de la règle et nous continuons de l'observer de manière mécanique. Sans même que nous ayons besoin de nous le dire, nous sommes imprégnés de ce qu'il est convenable ou non de faire dans telle ou telle situation. C'est ainsi que nos actions deviennent régulées ou inhibées par un ensemble de préceptes appris, sans toujours être compris ou sincèrement acceptés.

Sur le sujet, nous avons pu observer un vrai changement de paradigme dans les différentes périodes de l'histoire. Les Grecs valorisaient la connaissance dans la curiosité. Ils invitaient à l'apprentissage par la vie.

Quand bien même cette philosophie a été réactivée un peu avant la renaissance, le paradigme judéo-chrétien est celui qui est resté prédominant. Il a marqué notre époque, valorisant à outrance le concept d'autorité toute puissante.

Au-delà de l'influence que cela a eu et continue d'avoir sur nous, le principal problème de cette expérience d'autorité réside dans le fait de se nourrir de certitudes. Cela revient à figer le modèle de l'apprentissage. Alors que pour être efficace, ce dernier suggérerait plutôt une adaptation permanente.

C'est parce qu'il voulait savoir pourquoi autant de personnes avaient pris part à la perpétration d'actes criminels en temps de guerre, que **Milgram**, fils d'immigrants juifs, s'est lancé dans des tests qui marqueront l'histoire. Il était curieux de comprendre ce qui avait poussé des soldats allemands à participer à l'holocauste.

Pour ce faire, il a proposé à des volontaires de participer à une scène éducative entre un professeur et un élève. Le principe consistait à envoyer une décharge électrique à l'élève à chaque fois qu'il commettait une erreur. Cette décharge devenait croissante au fur et à mesure des erreurs, jusqu'à atteindre un niveau mortel de 450 volts. Le but de l'expérience était de voir combien des volontaires administreraient la décharge ultime[29].

Les deux tiers des participants sont allés jusqu'au bout, abandonnant leurs principes moraux, et se soumettant à l'autorité de l'instructeur.

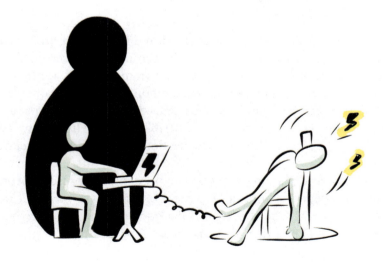

[29] S. MILGRAM, *Behavioral Study of obedience,* The Journal of Abnormal and Social Pathology, vol. 67, n° 4, 1963

Il en est de même dans le principe de **banalité du mal** mis en avant par **Hannah Arendt** dans les années 70. **Hannah Arendt**, philosophe juive réfugiée aux Etats-Unis, est aussi journaliste. En 1961, elle couvre pour The New Yorker le retentissant procès d'**Adolf Eichmann**, officier nazi responsable de l'organisation des convois de la mort sous la dictature hitlérienne. Elle assiste en personne aux audiences et entend la défense d'**Eichmann**, jugé pour crime contre l'humanité. Alors qu'elle s'attendait à rencontrer un personnage immonde, elle est frappée par la personnalité de ce criminel qu'elle décrit en 1977 dans « la vie de l'esprit » comme « *tout à fait ordinaire* » : « *Les actes étaient monstrueux, mais le responsable – tout au moins le responsable hautement efficace qu'on jugeait alors – était tout à fait ordinaire, comme tout le monde, ni démoniaque ni monstrueux. Il n'y avait en lui trace ni de convictions idéologiques solides, ni de motivations spécifiquement malignes.* »[30]

La philosophe se demandera comment un individu parfaitement ordinaire pouvait accomplir un travail qui ne l'était pas ? Pour elle, il s'agit d'un « *manque de pensée, signe d'une conscience éteinte.* ».

Ce serait donc le manque cruel de réflexion d'**Eichmann** qui l'aurait rendu incapable de juger correctement de la situation. Sans pensée ou personnalité affirmée, Eichmann était le stéréotype de l'Homme banal. En théorisant sur la « *banalité du mal* », **Hannah Arendt** démontre que le manque de réflexion peut conduire des personnes lambda à accomplir des actes profondément extraordinaires et en l'occurrence horribles. Pour elle, le mal n'est pas l'exceptionnel, c'est bien la contextualisation qui engendre l'exception.

Il est intéressant de connecter cela au commentaire, presque prophétique, de **Charles Péguy** dans sa « *note conjointe sur la philosophie de Descartes* » en 1914 où il écrit « *il y a quelque chose de pire que d'avoir une âme même perverse, c'est d'avoir une âme habituée* ».

---

[30] H. ARENDT, *Eichmann à Jérusalem, Rapport sur la banalité du mal*, trad. franç., Paris, Gallimard, « Quarto »

Si nous aimons à penser que nous sommes des créatures autonomes et que nous agissons en fonction de notre bonne morale, les exemples de **Milgram** ou encore d'**Arendt** mettent à mal cette idée. Ils prouvent que, dans certains contextes particuliers, mis dans certaines conditions, et aussi **normal** soit-on, nous sommes capables d'agir de manière parfaitement extrême et **anormale** sous prétexte d'une soumission à l'autorité.

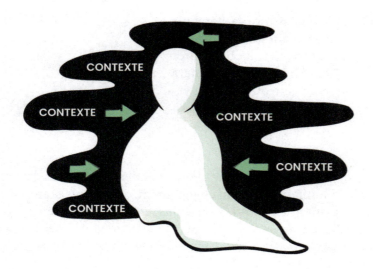

Le philosophe américain **Charles Sanders Peirce**, fondateur du courant pragmatiste, considère que tous nos états mentaux, y compris la connaissance, sont plus ou moins fixés parce qu'ils font autorité dans notre milieu, parce que nous nous sommes auto-convaincus par ténacité, parce que cela paraît une évidence rationnelle ou scientifique qui fait office de vérité.

Je suis un être social, influencé par l'autorité.

Si cela peut paraître effrayant, soyez tout de même rassurés. Il existe bien des limites à l'influence ou à la manipulation. Ces limites sont inhérentes à la condition humaine et à notre besoin vital d'indépendance.

Certes le fantasme de **brain washing** a largement alimenté les pratiques de certains gouvernements. Oui, certains influenceurs, leaders, dictateurs, nourrissent l'objectif ultime de modifier les croyances des individus en un très court laps de temps. Force est de constater à travers l'histoire que cette arme n'a d'effets que de manière éphémère.

Comment cela pourrait-il être le cas sans prendre en compte les particularités de chaque individu ? Croire que l'on peut effacer les souvenirs et opérer un reconditionnement parfait, semble, pour l'instant, illusoire.

C'est d'ailleurs ce qu'inspire la parabole amérindienne de la **planche à clous.** S'il est vrai que nous pouvons toujours retirer le clou de la planche, cela n'empêchera jamais la marque de ce trou de rester.

Il ne s'agit ni plus ni moins que d'une manière d'illustrer la profonde résistance de l'humain face au changement. Cette résistance est à la fois notre difficulté, celle qui peut nous empêcher de nous exprimer pleinement. Elle est aussi notre force, car elle nous permet de rebondir naturellement par rapport à un asservissement qui serait trop grand pour être supportable.

Vous l'avez probablement constaté à titre personnel. Lorsque l'on essaye de transformer quelqu'un en le faisant passer du **tout noir au tout blanc,** on se confronte très fréquemment à un échec. Souvenons-nous, l'excès d'une force va naturellement faire émerger sa contre-force pour rétablir une forme d'équilibre.

Quand bien même nos comportements sont très souvent dominés par les rôles sociaux que nous jouons. Quand bien même nous admettons que l'autorité peut exercer une influence sur nous et qu'il est difficile de casser les règles sociales ; nous retenons qu'il existe en nous une capacité de réaction plus grande. Celle qui consiste à défendre notre élan de vie et à faire que ce sursaut d'indépendance reste le plus fort.

Tout cela est plutôt de bon augure quant à notre capacité d'agir et de décider.

> **Quoi qu'il arrive, j'ai la possibilité d'agir,
> je reste le principal maître à bord.**

05.4 Expérience empathique

Étant conscients de notre capacité à nous affranchir de l'autorité, il reste intéressant de connaître le pourcentage de ce que l'on vit, ce que l'on voit, ce que l'on sent, qui est influencé par d'autres personnes.

À quel point le fait d'observer les autres et les situations influence-t-il nos comportements ?

Albert Bandura, psychologue canadien, reconnu pour ses travaux sur la théorie de l'apprentissage social et père du courant socio-cognitif, s'est posé ces questions. Il a réalisé une expérience sur les enfants qui prouve que ces derniers reproduisent ce qu'ils voient. S'ils sont soumis à des scènes violentes émanant d'un adulte agressif, il y a de très grandes chances qu'ils se mettent à battre leurs poupées ou jouets de la même façon. Cette hypothèse est valable en la transposant dans la vraie vie, avec notre entourage proche, mais aussi dans la vie fantasmée, par le simple fait de regarder un match de boxe à la télévision.

Notre contact avec les autres, le ressenti que nous développons en les observant et en profitant de leurs expériences sont autant de connaissances que nous accumulons.

C'est ce que nous appelons l'***expérience empathique***.

Cette expérience n'a pas nécessité à être générée ou vécue par nous, elle peut passer au travers du monde extérieur, y compris par d'autres sujets.

Nous pouvons considérer l'empathie comme une invention prodigieuse de la nature, un outil fantastique qui nous permet de démultiplier notre panel d'expériences possibles sans avoir à les vivre, en y ajoutant celles que l'on peut s'approprier aux travers des autres.

Je vis des expériences au travers des autres.

Il y a mille et une manières d'accéder à cette **vie par procuration** : les récits de nos amis, collègues, familles mais aussi les livres, les films, tout ce qui va susciter chez nous une réaction.

L'imitation ne se fait pas par simple mimétisme, mais par le biais du ressenti de l'émotion de l'autre. Pour nourrir notre propre ressenti nous allons analyser le résultat émotionnel de l'expérience chez l'autre. Nous allons décoder ses expressions faciales et corporelles. À la lecture de l'expérience, si nous ressentons une émotion positive, alors nous allons imiter.

Si l'émotion est négative, nous allons éviter.

C'est d'ailleurs ce qui se passe dans l'expérience de **Milgram** où certains vont aller contre l'abus d'autorité et d'autres vont laisser faire, car tous ne vont pas avoir la même empreinte émotionnelle. Pour la plupart c'est l'empreinte d'autorité qui va dominer, mais pour une minorité c'est l'empreinte empathique qui va s'exprimer.

Pour valider la puissance du principe empathique, des expériences ont été menées en laboratoire sur la douleur. Il en ressort qu'en observant la douleur des autres nous pouvons aller jusqu'à la ressentir. La perception directe de la souffrance, au même niveau que son évocation, va entrainer l'activation de zones identiques de notre cerveau.

Ce mécanisme de **résonance** très intriguant a été observé et a conduit à la découverte de **neurones miroirs**.

Le système miroir est actif très tôt dans notre vie, dès l'âge de 3 mois. Il joue un rôle fondamental dans le processus d'apprentissage, dans le sens où il permet la reconnaissance du comportement affectif et le mécanisme de compréhension d'autrui.

Cette compréhension passe notamment par l'expression physique des émotions, les subtiles expressions que l'on envoie aux autres au cours de la relation.

Le rôle principal des neurones miroirs est de comprendre les gestes de l'autre et de les comparer à notre propre répertoire. L'activation des neurones miroirs permet à notre cerveau de construire des représentations internes de ce qu'il faut faire ou dire à partir des actes moteurs effectués par un autre sujet.

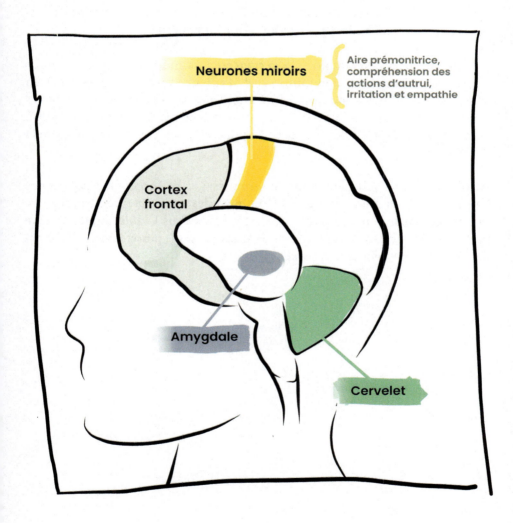

Avoir conscience de cette faculté et la stimuler permet d'avoir une posture cohérente dans bien des situations. C'est une des clés de l'intelligence situationnelle.

En situation managériale, pourriez-vous imaginer recadrer un collaborateur avec le sourire ?

Cela ne permet certainement pas de faire passer le bon message, au même titre que féliciter quelqu'un avec une voix grave. Ces attitudes non appropriées risquent fort de semer le doute dans l'esprit de votre interlocuteur. Adapter la tonalité du message au contenu est primordial si l'on veut éviter de biaiser la réaction émotionnelle.

Prendre soin de la qualité de l'expérience empathique permet d'instaurer un champ émotionnel commun. C'est d'ailleurs tout ce qui est mis en avant dans toutes les mouvances managériales actuelles qui poussent les acteurs d'une même organisation à partager leur histoire, leur motivation pour créer un lien d'empathie avec l'équipe et aller chercher l'émotionnel des autres.

Aussi bénéfique soit-elle pour l'apprentissage, la force de l'expérience empathique peut aussi conduire l'Homme à des comportements grégaires. On va retrouver la manifestation de cette force dans l'adulation du groupe pour ses stars, ses influenceurs. Poussée à son paroxysme, elle peut participer à la violence des foules.

05.5 Expérience empirique

Celle-ci représente notre vécu quotidien. Ce sont les capacités ou motifs que l'on crée en fonction des conclusions des tests que nous réalisons tout au long de notre vie.

Exemple : lorsque j'étais bébé, j'ai compris que si je criais on me donnerait à manger.

La mécanique est relativement proche de l'expérience empathique dans le sens où elle fait, elle aussi, appel à notre capacité d'observation.

Parmi les expériences empiriques, nous retrouvons les expériences empiriques passives et les expériences actives.

Les expériences passives qui sont basées sur l'observation et la répétition du factuel.

Ces dernières sont souvent utilisées dans les démarches scientifiques qui vont privilégier l'observation.

Je note que le soleil se lève aujourd'hui, j'en conclus qu'il y a de fortes chances pour qu'il se lève demain et je vais le vérifier.

C'est ce que le philosophe écossais **David Hume** appelle « *impression de sensation* ».

Les expériences actives qui résultent d'un plan d'action imaginé.

J'ai constaté que me mettre à l'abri me protégeait de la pluie ou du soleil. J'imagine un abri portable, je mets un chapeau sur ma tête, je constate que cela me protège de la pluie ou du soleil, alors je recommence.

C'est ce que **Hume** appelle « *impression de réflexion* ».

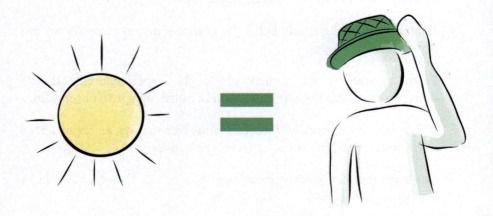

Voyons maintenant comment ces différentes expériences viennent se superposer et modifier les empreintes l'une de l'autre comme par un effet d'hologramme.

En effet, dans notre quotidien nous créons sans cesse des passerelles entre nos expériences qui s'auto-alimentent. De manière générale, nous n'effaçons pas une expérience par une autre. De plus, les motifs imprimés lors de l'enfance ont un poids considérable dans la construction de notre tabula. La survenue de nouvelles expériences au cours de notre vie va venir renforcer ou atténuer un motif déjà existant. L'adjonction de nouveaux motifs modifiera l'empreinte de notre tabula.

Nous touchons alors du doigt la ***plasticité*** de notre état émotionnel.

Certes, il peut arriver qu'il y ait un changement radical lorsque la nouvelle expérience est suffisamment forte. C'est ce que développe le statisticien **Nassim Nicholas Taleb** en soulignant la puissance de l'imprévisible. Il nous démontre comment une croyance peut être anéantie dès qu'il y a une observation manifeste d'un contre-exemple.

De manière imagée, il raconte que la découverte de l'existence d'un cygne noir va bouleverser définitivement nos préjugés de cygne blanc.

Vous pourriez retrouver ce phénomène dans un cas concret du quotidien : je pense que mon voisin est un être adorable jusqu'au jour où je le surprends en train de battre son chien. À partir de ce moment précis, l'image que je me fais de lui va radicalement changer...

Les expériences que je vis font évoluer qui je suis.

Il n'y a pas de deuil, mais une succession d'expériences, un enchevêtrement qui fait que chaque nouvelle expérience va s'ajouter à l'autre pour modifier notre état émotionnel. Toutes ces expériences externes sont autant de connexions qui participent à la construction de notre être.

ET SI J'APPRENAIS DE MON **MONDE INTÉRIEUR** ?

L'équivalent aux expériences externes sont les expériences internes : où nous regroupons imagination, rêve, intuition et méditation.

06.1 Je lis le monde par le rêve

Le terme rêver a longtemps été associé à une connotation négative. Cela s'explique notamment étymologiquement.

Anciennement orthographié « *resver* » (vers 1130) puis « *reever* » (1240) le mot « *rêve* » signifiait « *divaguer* » : évolution de l'ancien français « *desver* » qui veut dire « *perdre le sens* », d' « *esvo* » qui veut dire « *vagabond* », et du latin vagus de l'adjectif « *vague* ».

En d'autres termes, jusqu'au 17ème siècle, le fait de « *rêver* » revient à « *délirer* » ou « *déraisonner* ». Ce n'est qu'au 19ème siècle qu'il est remplacé par un sens plus positif autour du fait de songer ou d'avoir une activité psychique créatrice pendant son sommeil.

Depuis, le rêve a souvent été rattaché au thème de l'évasion. Il est pour nous une manière d'imaginer, de souhaiter très fort, et ce avec la possibilité de répétition.

Contrairement aux hallucinations vécues à l'état éveillé, le rêve se caractérise par une succession d'idées ou d'images mentales, plus ou moins organisées, qui se manifestent pendant notre sommeil et qui nous procurent émotions et sensations. Cela explique d'ailleurs pourquoi nous pouvons en avoir des souvenirs plus ou moins agréables.

Au-delà de toute considération de temps ou d'espace ordinaire, le rêve est le moyen dont nous disposons pour accéder à une forme de surnaturel. Ne nous méprenons pas. Il ne s'agit pas d'une communication de l'inconscient vers le conscient, l'inconscient étant inconscient par essence. Il s'agit plutôt de l'inverse.

Le rêve est avant tout une expérience interne qui permet une communication du conscient vers l'émotionnel, un pont entre notre intelligence rationnelle et émotionnelle. C'est pour cela que le rêve utilise des images bizarres, il parle la langue des émotions. C'est la langue que notre cerveau limbique comprend et qui va initialiser une mise à jour de notre tabula rasa, de notre état émotionnel.

Dans le rêve, c'est justement la fonction motrice qui est inhibée alors que le ressenti émotionnel est parfaitement restitué. C'est une expérience qui s'économise l'énergie de sa réalisation, tout en conservant sa puissance émotionnelle, autrement dit **une émotion sans motion**.

Cela explique d'ailleurs l'inhibition du mouvement réel dans le rêve. En effet, les rêves les plus abondants, les plus riches et les plus imagés se manifestent dans la phase paradoxale du sommeil (ou REM «*rapid eye movement*») où nous ne bougeons pas. À ce moment-là, dans notre rêve, nous avons la sensation du mouvement sans sa réalisation.

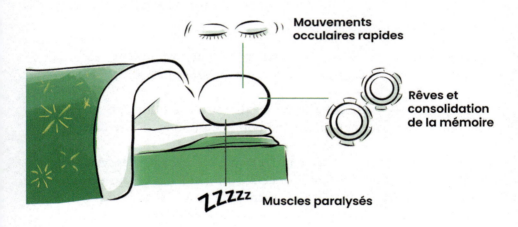

Le rêve est un instrument de connaissance, non pas de l'inconscient, mais du réel.

Le rêve s'alimente de notre vécu. Le plus souvent il utilise des éléments, signes, symboles, des images que nous avons construites au cours de la journée. Il élimine une bonne part des impossibles.

« *La transformation capricieuse et hardie des thèmes que, pendant le jour, l'œil a puisés dans la réalité, la libre création, la libre invention d'images, de tableaux lumineux.* »

- *Carl Spitter*

Le cerveau ne distingue pas la différence entre rêve et réalité. Le rêve consiste en une expérience irréelle dont nous tirons les mêmes résultats émotionnels qu'une expérience réelle.

Lorsque nous faisons appel à notre raison pure, nous construisons des options ou des plans d'actions dans le champ des possibles.

Or, le rêve est le seul plan d'actions qui nous autorise à penser au-delà du possible et à imaginer d'autres pistes, comme autant de potentiels supplémentaires. Le rêve est le lieu de la désinhibition et de l'incohérence.

Socrate dira d'ailleurs du rêve qu'il est « *un lieu où les désirs honteux, réprimés le jour, se réalisent* ». En psychanalyse **Freud** voit dans le rêve « *l'accomplissement d'un désir* » que l'expérience réelle ne peut pas accomplir.

Si vous voulez en savoir plus sur vos envies profondes, accorder de l'attention à vos rêves peut vous fournir quelques indices...

Le rêve propose cette expérience en direct à l'émotion qui va réagir en fonction de ses codes : était-ce une bonne ou une mauvaise expérience ?

Lorsque nous rêvons, nous construisons des expériences virtuelles qui vont modifier notre état émotionnel. C'est d'ailleurs ce qui explique que nous parvenions, de manière si surprenante, à résoudre des problèmes durant la nuit. « *Dors-dessus* » dit-on « *tu y verras plus clair demain* ».

Dans un processus involontaire, le rêve, ce formidable outil de prise de décision, va donc bien nous servir à **déraisonner**. Plutôt, il va se servir des données de la raison pour les mettre en corrélation de situations similaires, ayant généré des issues émotionnelles négatives ou positives. Si j'hésite à prendre telle ou telle décision, le rêve pourra chercher des expériences équivalentes dans mon bagage et les corréler. Il retrouvera l'historique de conséquences et j'aurais ainsi un ressenti sur le fait que mon choix sera associé à un sentiment plaisant ou déplaisant.

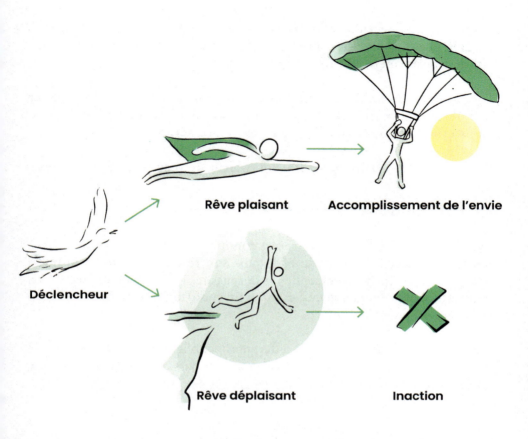

Suivant son intensité émotionnelle, le rêve a également une fonction de renforcement de notre mémoire. Comme c'est le cas avec toute expérience, le motif validé par l'expérience va être renforcé et le motif invalidé va être atténué.

Ce que nous retenons est que le monde onirique représente un espace supplémentaire d'expérimentation, un espace d'exploration pour une meilleure connaissance de soi.

Et parce que le cerveau ne distingue pas la différence entre rêve et réalité, notre jugement peut être largement influencé par nos expériences involontaires nocturnes.

De la même façon, nous pouvons l'influencer de manière volontaire en utilisant des techniques de préparation mentale. Ces techniques sont communément utilisées dans le sport et consistent à se créer de nouveaux motifs par visualisation mentale.

Largement adopté par les pilotes de Formule 1, les gymnastes, les grimpeurs, les golfeurs, ou encore les skieurs, l'entraînement à la visualisation a pour but de transformer certaines actions en automatismes.

La visualisation réside dans la capacité mentale que nous avons à créer une image dans notre tête, à nous représenter une situation en interne ou en externe, comme si nous la regardions de l'extérieur.

Le principe de visualisation aura alors valeur de vécu pour notre cerveau.

Je crois que si je visualise, je fais.

Typiquement s'agissant d'un sport comme le golf, cela consisterait à imaginer le geste, le vol de la balle puis son roulé sur le green jusqu'au trou et à la satisfaction ressentie de la réussite. En anticipant l'action, en la programmant mentalement, comme un motif déjà vécu, nous rendons ladite action plus efficace.

Les athlètes l'utilisent dans différentes configurations, allant de la préparation à la consolidation d'un geste, en passant par la planification d'une stratégie ou encore à la remémoration des actions réussies

L'entraînement mental a donc autant d'impact que l'entraînement réel sur le cerveau et c'est une superbe technique.

À noter toutefois qu'elle comporte quelques limites et notamment quand les expériences mentales sont décontextualisées. En effet, selon notre degré de maîtrise, l'imagerie ne prendra pas en compte l'étendue des émotions associées à une expérience.

Certains sentiments comme la pression ou le stress ne seront pas facilement ressentis dans une pratique hors contexte. Nous ne pourrons pas empêcher complètement ces sentiments de s'exprimer dans l'action pure.

Malgré tout, il est intéressant de se dire que nous pouvons créer mentalement des ressentis plaisants ou déplaisants, adopter virtuellement le comportement adapté à une situation et ainsi conditionner le résultat souhaité.

Comme dans le sport, ces outils sont précieux dans la sphère privée : pour notre propre communication et pour l'impact que nous voulons avoir sur notre environnement.

Très utile aussi dans la sphère professionnelle, la visualisation est une option de choix pour se voir réussir dans le futur ou encore laisser ses soucis à la porte de la maison : déposer le bagage.

Dans une toute autre logique que celle de la performance, ces expériences internes peuvent constituer de réelles sources de mieux-être. Nous pensons notamment à la possibilité de se créer des ***espaces-ressource***. Autrement dit, des lieux où nous poser intérieurement, des sas, où nous nous sentons bien, en sécurité, et qui vont nous permettre de nous régénérer, recharger nos batteries, développer de nouvelles ressources.

En effet, aller quelques minutes dans un lieu sûr, apaise notre cerveau, le sécurise. C'est une technique de projection très utilisée en hypnose, en sophrologie ou encore en programmation neurolinguistique.

Pour accéder à notre espace ressource, il est nécessaire de nous créer un ancrage signal : un son, un geste pour pouvoir être transporté dans un état choisi. Une situation imaginaire, qui aura le même effet positif que le réel, parce que nous l'avons déjà vécue ou parce que nous l'avons alimentée avec suffisamment de détails sensoriels.

Imaginez votre maison de vacances, les amis, le chant des oiseaux, les odeurs des plats du sud, les couleurs terres et ocres, la sensation du sable chaud sous vos pieds…

Vous reconnaîtrez très certainement la fameuse mécanique de la madeleine de **Proust** qui, par une simple odeur, vous transportera dans un univers relié à un évènement connu traumatisant ou plaisant, et vous permettra de revivre l'événement, même des années plus tard.

Ainsi, notre bibliothèque émotionnelle peut être constituée d'éléments vécus mais aussi se nourrir de sensations internes. Comme si tous nos sens étaient dupliqués à l'intérieur comme à l'extérieur. Nous pouvons entendre notre petite voix, imaginer au point de sentir, voir ou toucher, le tout à différentes intensités et intérieurement.

Parmi les autres expériences internes qui ont un impact fort sur notre psychisme et notre comportement, nous pouvons compter sur la force de l'intuition.

06.2 Je lis le monde par l'intuition

Il m'arrive parfois d'avoir ce sentiment, cette connaissance au fond de moi sans savoir d'où elle vient...

Peut-être s'agit-il de votre intuition.

Pour les **Platoniciens** c'est la seule connaissance juste, la seule digne de philosophie, car elle nous vient des Dieux. La connaissance par les sens est trop sujette à erreur et même la connaissance raisonnée se base sur des principes non démontrés, des axiomes. Ce sont des connaissances trop humaines donc trop faillibles, des opinions. Alors que l'intuition, cette illumination divine, nous permet, exceptionnellement, la remémoration des idées parfaites.

Aujourd'hui, dans notre monde désenchanté, c'est souvent une connaissance suspecte, et pourtant !

L'intuition s'entend quand la raison se met à fonctionner sur un mode inductif lié à l'émotion plutôt que sur le mode déductif de la raison.

Pour mieux comprendre, disons que la raison est un langage qui utilise systématiquement la symbolique : comme en mathématiques où nous retrouvons les symboles chiffrés du 1,2,3,4.

Contrairement à un processus logique ou scientifique, l'intuition, elle, se passe de symbolique pour résoudre un problème.

Extrêmement puissante, elle va interroger la base de données existantes, celles de nos motifs émotionnels, et c'est de là qu'elle va induire une réponse. Elle va chercher dans notre mémoire des motifs déjà expérimentés, des situations qui pourraient s'apparenter à celle que nous devons traiter, le tout pour être en mesure de mettre au point une solution innovante ou de nous suggérer un plan d'action inédit.

Opérant dans la même catégorie d'expérience, elle peut travailler en partenariat avec le rêve.

Ce qui va expliquer que nous allons nous coucher avec un sujet et nous réveiller le lendemain matin avec la solution.

A chaque fois que vous êtes soumis à une situation problématique nouvelle, l'intuition va pouvoir, grâce à son accès à votre inconscient, aller trouver des motifs en résonance avec l'événement en question et le résoudre. Le tout en évaluant ce qui va avoir l'issue émotionnelle la plus favorable et sans repasser par une conscientisation raisonnée.

Ainsi, l'intuition fait le pont de communication entre deux niveaux. Elle est l'ascenseur entre émotion et raison, entre conscient et inconscient.

« *C'est avec la logique que nous prouvons et avec l'intuition que nous trouvons.* »[31]
- Henry Poincaré

Contrairement à la valeur diminuée qu'on lui attribue, l'intuition est un puissant levier de prise de décision : une forme unique d'émotionnalisation d'un problème.

L'intuition ou le sommeil reviennent à expérimenter un « état de conscience altérée », accessible facilement la nuit mais aussi en journée. C'est lorsque nous éteignons le mode « cent pour cent raison » que nous laissons s'exprimer d'autres choses plus profondes. C'est là que nous faisons les choix les plus authentiques, alignés et justes par rapport à nous.

Les artistes, poètes et autres créateurs de tout temps l'ont bien compris, et cela explique notamment pourquoi ils utilisaient des substances comme l'absinthe et autres drogues pour se connecter à cette impulsion créatrice naturelle.

Se priver de cette expérience interne, se priver de cette force de notre intuition, c'est sous-exploiter ce champ d'énergie qui est inhérent à notre qualité d'Homme.

« *C'est parce que l'intuition est surhumaine qu'il faut la croire ; c'est parce qu'elle est mystérieuse qu'il faut l'écouter ; c'est parce qu'elle semble obscure qu'elle est lumineuse.* »[32]
- Victor Hugo

---

[31] H. POINCARE, *Science et méthode : édition intégrale,* Paris, Broché, 2021
[32] *La dernière lettre. Anthologie des derniers mots des grands Hommes,* Collectif, Paris, Essai (Broché), 2017

06.3 Je lis le monde par l'imagination

Lorsque nous parlons de motif il est important de distinguer le motif que l'on conscientise et celui qui s'imprime dans l'inconscient.

C'est ce qu'explique **Jean Piaget** dans la description du process cognitif ou process émotionnel inconscient lorsqu'il évoque la « *mobilisation des schèmes* », également abordée par **Kant** et **Bergson**.

Psychologue de renom, **Piaget** a marqué l'Histoire grâce à ses découvertes sur le développement de l'intelligence chez l'enfant. Il va notamment démontrer tout le poids et l'utilité des motifs (schèmes) dans notre construction, dans nos comportements et dans nos choix au quotidien.

Mais à quoi correspond *un schème* ?

Dans son ouvrage « *La psychologie de l'enfant* », **Piaget** explique que nous structurons nos souvenirs et empreintes de façon à pouvoir les utiliser, les interpréter de manière inconsciente tout au long de notre vie.

Il définit le schème comme une « *activité stabilisée et organisée, faite pour rassembler et interpréter les informations du monde qui nous entoure* ». Le fait d'organiser les actions sous forme d'empreintes facilite le transfert ou la généralisation lorsque l'événement se répète ou qu'une autre action se produit dans des circonstances semblables ou analogues.

Dès lors, le schème d'une action correspondra à toutes les caractéristiques généralisables qui serviront la répétition de l'action, ou qui servira l'application à de nouveaux contenus.

Jetons un regard sur les différents processus d'assimilation.

Parmi eux nous trouvons :

L'assimilation reproductrice dans le cas de répétitions d'une même activité.

L'assimilation recognitive qui permet de donner une signification à un objet en fonction de ce que l'on reconnait.

L'assimilation généralisatrice qui produit des synthèses à partir de multiples situations.

En décrivant les différents stades du développement de l'enfant d'une manière très complète, il décrit la magie des enfants, le « développement cognitif naturel » ou comment l'enfant apprend à penser, sans même que son système logique ne soit mature, de manière innée et grâce à l'utilisation de ses sens.

Comme des diamants bruts, pas encore taillés, les enfants, vont, avant deux ans, avec leur pensée égocentrique, leur curiosité et leur innocence, se créer les premières bases de leur monde.

Leur voix a un sens même si elle n'en a pas pour les adultes. Ce sens nous le percevons à travers leurs balbutiements, leurs paroles inventées, ou pseudo-paroles, ou encore à travers le fait qu'en grandissant ils parlent d'eux à la troisième personne en se référant à eux-mêmes…

Très tôt, l'enfant va combiner des expériences sensorielles avec des actions physiques, il va préférer les stimulations colorées, qui brillent et qui bougent. Il va répéter des événements qui lui ont plu en essayant de reproduire un bruit avec son propre corps.

Au stade du nourrisson, l'enfant va répéter des actions au hasard, expérimenter. Les seuls apports qu'il a eus avant sont les sons qu'il a pu entendre dans le ventre de sa mère. Les mois de gestation lui auront permis de se familiariser avec la voix de ses parents.

Sans maturité rationnelle les bébés sont déjà habitués à une forme de langage. C'est d'ailleurs ce qui les attire vers le son de la voix de leur maman, qu'ils reconnaissent plus vite que n'importe quelle autre voix.

Plus tard, le bébé comprend très vite que la meilleure façon de communiquer est de pleurer.

Au cours de ses premiers mois de vie, le bébé aura cette **pré-linguistique,** composée de quelques gestes, sourires et grimaces. Il les utilisera d'abord de façon involontaire, puis plus intentionnelle via le processus d'assimilation.

Nous parlons de cette ***petite voix*** car le principe du schème ne fait pas appel à la raison mais plus à une association de motifs positifs et négatifs que nous avons vécus.

Ceux de nos premières expériences infantiles sont encore plus forts et ancrés. Comme tout ce que nous vivons pour la première fois, ces motifs comportent une intensité qui nous marque davantage. C'est d'ailleurs pour cette raison que la psychanalyse s'intéresse autant aux premières années de vie.

Ces motifs représentent le son que va utiliser notre **petite voix intérieure.** À la naissance, cette petite voix est très authentique. Elle parle un langage spontané qui nous est propre et qui fait notre singularité. Cela explique d'ailleurs pourquoi à l'âge adulte nous sommes invités à parler à notre **enfant intérieur** lorsque nous cherchons à retrouver notre âme profonde.

C'est aussi ce qui explique la dénaturation progressive de notre langage par conditionnement.

En effet, notre cerveau de bébé va se développer de manière catégorielle. Considérons qu'à la naissance nous disposons d'un accès complet à toutes les catégories. Comme si nous étions dotés d'un clavier de piano avec toutes ses touches opérationnelles. Au bout d'un an, nous n'utilisons plus que les touches qui ont été stimulées ou utilisées. À l'âge adulte, nous n'avons plus à disposition qu'un clavier limité.

Cela s'explique par le fait que nos parents, la société, notre environnement, ne vont utiliser que certaines catégories de notre répertoire. Ils vont imposer leur langue, une vision du monde, et donc créer des bases de schèmes très tôt dans notre construction d'enfant.

Pour illustrer le propos, intéressons-nous aux expériences de chercheurs canadiens, menées à la suite des travaux de **Peter Eimas**, docteur en psychologie.

En abordant le **répertoire initial** sur le plan de la linguistique, ils démontrent que les bébés sont capables de produire les sons phonétiques de toutes les langues dans les 6 premiers mois de leur vie. S'ils ne sont pas soumis à certains sons, les bébés vont désactiver certaines touches de leur piano vocal. À 12 mois, ils ne seront plus capables de prononcer, sans accent, certaines tonalités utilisées dans d'autres langues (l'hindi en l'occurrence dans l'étude).

Dans la première année de sa vie le bébé va se débrouiller pour déterminer ce qui lui est utile ou non. Il opérera des choix en fonction de ce qu'il recevra dans les productions du monde adulte. Il n'utilisera plus que les catégories actives. C'est-à-dire celles auxquelles son système auditif a été statistiquement le plus exposé. Naturellement, par phénomène de renforcement et d'atténuation, s'il n'a pas été confronté à la typicité d'un son, il ne cherchera pas à le conserver. C'est ce qui se passe par exemple pour la prononciation quasi impossible de certains sons gutturaux de la langue arabe qui seraient restés inconnus pour nous jusqu'à l'âge adulte.

C'est d'ailleurs ce qui explique qu'à partir d'un certain âge, très variable, un individu ne pourra plus parler une seconde langue sans un accent prononcé de sa langue maternelle.

Ci-dessous la courbe démontre la baisse de la fluidité du langage en fonction de l'âge auquel on apprend la langue. Nous constatons un déclin net de l'habileté à apprendre une langue, non maternelle, à partir de l'âge de sept ans.

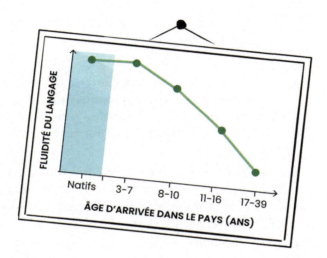

Nous imaginons aisément l'importance toute particulière des premières années de vie, connaissant la difficulté d'évolution de notre système de référence avec le temps.

Ce système étant mis en place très tôt, c'est principalement le milieu familial très proche qui en est responsable.

Faute de croire que les bébés sont des phonéticiens et statisticiens hors pair, nous pouvons constater que le recours au système de base est inconscient et très intimement lié au système émotionnel.

À partir d'un an, notre système émotionnel de base s'est constitué. Les émotions sollicitées sont actives, les autres se sont désactivées ou confondues, ce qui valide le fait que le caractère de l'enfant se mette en place tôt et rapidement, mais aussi que certaines facilités ou handicaps existent en fonction des interactions positives ou négatives que nous avons eues avec notre environnement.

Notre caractère initial d'enfant va inéluctablement être un reflet de notre entourage familial. D'où les expressions *« les chiens ne font pas de chats »* ou *« tel père tel fils »*.

Ces empreintes de base vont constituer la colonne vertébrale, l'accent, de notre comportement d'adulte. Ce système pourra évoluer à la marge par des expériences nouvelles, mais nécessitera des expériences très puissantes, voire traumatisantes, pour évoluer en profondeur.

Dès lors, la petite voix intérieure, qui est en nous, façonnée par nos interactions infantiles, agit comme guide ou figure d'autorité, puisqu'elle consiste en une sorte de rappel à la norme par le biais du son.

Le psychologue américain **Taibi Kahler** a beaucoup travaillé sur ce sujet. Ce qui lui a valu notamment de recevoir le prix Éric Berne, récompense suprême dans le monde de l'analyse transactionnelle. Il identifie cinq conditionnements ou mini-scénarios, issus de l'enfance, profondément ancrés dans nos comportements, et qui influent fortement sur notre personnalité et nos interactions avec les autres : ce sont les **drivers** dont nous avons parlé précédemment.

Il s'agit de messages entendus pendant l'enfance *« tu aurais pu faire mieux »*, *« arrête de pleurer »*, *« sois gentil »*, *« tu n'as pas encore terminé »* qui finissent par générer des conditionnements ou croyances à l'âge adulte.

Ces **drivers** correspondent à une petite voix qui peut à la fois nous pousser, être très bénéfique, et à la fois nous contraindre, voire nous handicaper. Peut-être avez-vous déjà entendu les messages portés par cette petite voix ? *« Sois parfait »*, *« fais plaisir »*, *« sois fort »*, *« fais des efforts »* ou encore *« dépêches-toi ! »*.

C'est en référence à l'idée de se laisser conduire que **Taibi Kahler** a nommé ce phénomène : **driver**. Le **driver** agit comme un **chauffeur** ou un **conducteur interne** que nous laissons se placer au volant de nos actions et qui nous conduit à faire telle ou telle chose, à adopter telle ou telle posture. Il est cette petite voix qui prend le pas sur nous.

Nous lui accordons beaucoup de poids, malgré nous. Comme si notre valeur était conditionnée par la réalisation de ces messages préformulés, comme si elle dépendait essentiellement de notre capacité ou non à être « parfait en toutes situations », à « faire suffisamment plaisir pour être aimé », à « pouvoir tout gérer sans avoir besoin de l'aide de personne », à « faire toujours plus, quel que soit le résultat ».

En coaching ou en thérapie nous parlons de **croyances limitantes** ou de **blessures ancrées** lorsque nous faisons référence à cette petite voix. Celle qui nous dévalue en mode *« je ne suis pas à la hauteur »*, celle qui nous recadre en permanence.

Ces injonctions nous envahissent et provoquent parfois de douloureuses guerres civiles entre ce que je veux et ce que je fais réellement.

Cette petite voix peut nous apporter de la liberté ou nous en priver. Si ma petite voix me pousse en permanence à *« faire plaisir »*, il se peut que je bénéficie du soutien de nombreux amis, il se peut aussi que j'arrive à négliger mes propres besoins. Si ma petite voix me guide à exécuter tout de manière la plus parfaite possible, j'obtiendrai la satisfaction de réaliser du bon travail et d'être irréprochable, ou dans l'excès je me noierai dans des détails et souffrirai de ne jamais faire ou être assez. Cette dichotomie est valable pour chacun de nos scénarios.

Se séparer de ces messages imprimés depuis notre enfance est difficile, voire impossible. Nous pouvons toutefois les atténuer en étant plus indulgent avec nous-mêmes, mais surtout en tirer parti et capitaliser sur les forces associées.

Nous pouvons aussi utiliser ces sons comme des indices de notre histoire et mieux retrouver qui nous sommes.

Imaginez un instant ce qui se passerait si nous avions gardé notre catalogue de base... S'il nous restait toutes les touches de notre piano actives et que tout le monde s'exprimait en émotion ?!

Car il est bien question de cela !

La petite voix va utiliser un traitement mathématique pour générer de nouveaux signes, de nouvelles idées, qui vont avoir leur existence logique propre. Elle va se nourrir de notre état émotionnel et va raisonner. Cette petite voix raisonnée, c'est notre conscience... produit de notre inconscient.

Imaginez si chaque enfant, à partir de sa naissance, pouvait créer son langage initial, juste en fonction de ses empreintes naturelles. Ce serait cocasse car le mot « *chat* » n'existerait plus. Il serait peut-être remplacé par de nombreuses traductions personnelles et l'on s'autoriserait à s'exprimer en « *miaou-miaou* ».

Certainement cela ne faciliterait pas la communication... mais quelle richesse individuelle perdue !

C'est ce qu'illustre magnifiquement **Rossini** dans son *«Duo des chats»*.

Ainsi, la voix qui a le plus de résonance ou d'authenticité n'est pas forcément celle que l'on exprime de manière audible mais bien celle que nous avons à l'intérieur.

> **Je crois que si je dis, je suis.**

06.4 Je lis le monde par la méditation

> **Je vis le monde à travers le beau ou le sublime.**

L'accès à cette expérience est des plus simples puisqu'il consiste en un acte de contemplation. Un acte où l'on va se détacher de la matière pour la laisser être.

Nous retrouvons ce même phénomène à travers la méditation de pleine conscience, qui allie présence et attention. En observant attentivement ce qui est beau et vivant en nous et autour de nous (un souffle, un son, une image), nous allons pouvoir nous connecter à notre état de « l'ici et du maintenant », et nous placer en recul par rapport à nous-même. Le subtil mélange de connexion à soi et de détachement va faciliter la réalisation de soi et renforcer la notion d'éveil par le corps et les sensations associées.

Utilisée depuis des millénaires et surtout dans les cultures orientales, la méditation commence à se développer en occident comme une pierre angulaire de notre équilibre mental. Elle constitue une solution idéale pour éviter de se laisser déborder par nos pensées, qui ne sont pas la réalité, ou par les émotions, qui ne sont pas nous.

En revenant à un état de calme naturel, sans fixation d'objectif, la méditation permet de suspendre le processus de la pensée rationnelle et logique, et de faire émerger des solutions sans avoir à y réfléchir.

En mettant une distance consciente, elle évite de donner trop de pouvoir à la déformation. C'est d'ailleurs pour cette raison que des institutions, parmi les plus formelles, comme l'armée ou d'autres corps d'élite, se sont mis à adopter cette expérience.

Bien au-delà de la méditation et des pratiques de pleine conscience, la contemplation du beau vient nourrir ou modifier nos états internes. Elle active, développe ou fait écho à l'essence même de ce que nous avons en nous, notre sensibilité profonde.

Le charme peut s'opérer dans la nature, dans l'art sous toutes ses formes, ou dans toutes les interactions que nous avons avec des gens, des objets, des situations et pour lesquelles nous prenons le temps d'intérioriser la beauté.

> **Je me reconnecte à mon vivant en lui accordant une attention consciente.**

Ensemble, nous avons exploré l'influence des expériences internes et externes au cours de notre vie. Nous avons constaté, qu'indépendamment de leur nature, elles généraient toutes une empreinte émotionnelle. Cette empreinte, même si née de manière inconsciente, va conditionner nos actes.

Maintenant que nous avons étudié les sources de carburant, allons creuser plus en profondeur le fonctionnement de ce qui semble être le moteur.

Partons explorer notre système émotionnel !

ET SI J'ÉTAIS ÉMOTIONS ?

Nous utilisons le véhicule chaque jour et pourtant… nous arrive-t-il souvent de soulever le capot ? De regarder ce qu'il y a à l'intérieur ?

Sommes-nous sûrs de maîtriser toute la richesse de notre système ? D'utiliser à bon escient l'ensemble de nos ressources ?

Nous vous proposons un voyage au cœur de notre cerveau. Voyage qui va nous permettre de mieux comprendre qui nous sommes et comment nous fonctionnons.

Nous en avons beaucoup parlé, mais culturellement nous n'aimons pas beaucoup les évoquer.

Émotions, vous avez dit émotions ?

Non ce n'est pas un gros mot et pourtant dans beaucoup de milieux, elles sont reléguées au rang de tabou.

Quel dommage ! Quelle privation !

Surtout lorsque l'on sait que les émotions constituent le cœur de notre réacteur…

07.1 L'émotion, mon moteur à l'action

Et si tout ce que nous avons toujours cru sur la motivation humaine était faux ?

Et si l'approche de la carotte et du bâton, base du fonctionnement de notre éducation, n'était pas si efficace ? Et si notre volonté ne suffisait pas à nous mettre en mouvement ou à changer radicalement nos habitudes ?

L'approche de la stimulation positive ou négative part du postulat que nous avons besoin de contrôle et d'incitation pour réaliser une action. Elle considère une évaluation rationnelle déterminée par les notions de punition ou de récompense. Or, ce n'est pas la punition ou la récompense en tant que telles qui vont peser mais bien l'impact émotionnel associé : un impact de plaisir ou de déplaisir.

Ainsi, contrairement aux idées reçues, ce sont bien les émotions qui vont générer les actions.

Nos émotions représentent notre élan de vie.

En tant qu'êtres humains, nous disposons de ce fabuleux outil interne de motivation qui nous aide à développer nos capacités à apprendre et à explorer notre environnement.

Cela se vérifie étymologiquement car le mot « *émotion* » vient du latin « *movere* » qui signifie avancer, le « *e* » placé devant vient renforcer la notion d'expression, à savoir : « *mettre en action vers l'extérieur* ». Autrement dit, notre motion dépend de nos émotions.

Naturellement nos émotions nous poussent à agir, nous transportent, ou nous paralysent. Elles peuvent être notre moteur, comme notre frein.

Dans les cultures orientales on associe les émotions aux chakras. Les chakras représentent les jonctions des canaux dans lesquels vont passer les émotions, vents énergétiques, qui nous transportent et vont nous amener à faire.

Les émotions sont également des éléments internes, qui se développent en nous et qui ont vocation à sortir, prendre vie à l'extérieur de nous. C'est pour cette raison qu'il est enseigné que les émotions entretiennent une relation subtile entre le corps et l'esprit et qu'il est important d'y accorder suffisamment d'attention. En ne les faisant pas « circuler », nous prenons le risque de les imprimer de manière négative et durable. Il en résultera la création de blocages au niveau corporel, la constitution d'impacts physiques ou mentaux... plus connus sous le nom de maladies ! Dans les cas de moindre intensité, cela pourra se manifester par des formes plus légères de somatisation.

Nos émotions nous influencent au quotidien et si nous les refoulons elles sauront prendre la place qu'elles méritent.

La sagesse tibétaine dit : « *Si tu écoutes ton corps lorsqu'il chuchote, tu n'auras pas à l'entendre crier !* »[33]

On ne peut pas faire taire le vivant. Les émotions prennent leur place quoi qu'il arrive. Elles sont nécessaires pour avancer, elles sont la clé de voûte de notre vivant.

---

[33] N. TOURNADRE, *Le grand livre de proverbes tibétains,* Paris, Presse du Châtelet, Bilingual édition (français/tibétain), 2006

La joie et la tristesse, en particulier, sont les déterminants de notre survie et de notre bien-être. Non seulement les processus qui les expliquent préservent la vie en nous, mais ce sont elles qui nous donnent l'élan et nous aident à produire les créations les plus admirables.

C'est parce que je suis un être émotionnel que j'agis.

Le processus émotionnel continue de vivre quoi qu'il arrive alors que le processus de la raison peut s'arrêter au stade de la pensée.

Prenons pour exemple le dilemme de l'âne de Buridan. Buridan imaginait un âne, également pressé par la soif et par la faim. Cet âne était embarrassé entre un seau d'eau et une mesure d'avoine, tous deux placés à égale distance de lui. N'ayant aucune raison de choisir l'une ou l'autre des alternatives, l'âne venait à mourir.

Cette fable poussée à l'absurde, montre que l'utilisation seule de la pensée rationnelle amènerait un âne à perdre la vie faute d'action prise entre ses deux désirs. Sans faire usage de son instinct vital, de ses émotions, l'âne meurt. L'émotion est littéralement notre instrument de survie.

Les émotions ont d'autres attributs et revêtent un caractère crucial pour savoir qui nous sommes.

Il n'est pas rare, dans un sursaut de lucidité, de nous dire qu'il nous manque quelque chose lorsque nous avons la désagréable impression de nous couper de nos émotions.

Les émotions sont toujours présentes, l'essentiel est de ne pas chercher à les étouffer.

Certaines personnes vivent anesthésiées plus ou moins volontairement. Elles le font par habitude, par lassitude, sûrement par peur de trop vivre. Alors elles se recroquevillent et attendent...

Et puis il y a ces personnes qui souffrent, celles qui sont malades de ne plus ressentir. Celles-là n'ont pas le choix, une partie de leur cerveau a été endommagée. Elles deviennent émotionnellement neutres.

Parce que j'ai pu l'observer, parce que j'ai vu mon ami de 30 ans ne plus éprouver de plaisir, pas même l'amour de sa femme ni de son fils. Parce que je l'ai vu perdu, ne pouvant plus rien discerner, ni joie, ni colère, ni tristesse. Parce que rien n'avait plus d'accroche, plus de saveur. Je l'ai vu errer dans une forme d'insensibilité poussée à l'extrême.

Cette indifférence est invivable, parce que le moteur est en panne et qu'il ne permet plus d'avancer. Parce que ce moteur nous en avons vraiment besoin, je l'ai vu s'arrêter, je l'ai vu en mourir.

L'éducation ne nous apprend que très peu à identifier et gérer nos émotions. Pour la plupart des gens cela constitue un handicap majeur. Pourtant, c'est une compétence fondamentale pour réussir dans la vie professionnelle et personnelle.

C'est parce que de nombreux chercheurs se sont penchés sur les raisons de la réussite, que le concept d'intelligence émotionnelle est apparu. Malgré une très grande intelligence au sens traditionnel, certaines personnes pouvaient échouer, là où d'autres, au QI moins extraordinaire, réussissaient avec brio. De manière systématique, l'intelligence émotionnelle était le facteur explicatif manquant.

Dans « *les affinités électives* » **Goethe** dit que « *les règles de la bonne pédagogie sont entièrement opposées à celle du savoir-vivre (...) Sous tous les autres rapports l'éducation recommence presque avec chaque année de notre vie ; mais celle-là ne dépend ni de la volonté, ni de celles de nos instituteurs mais de la marche des évènements* »[34].

Contrairement au QI, qui reste relativement figé au cours de la vie, la bonne nouvelle est que l'intelligence émotionnelle est une compétence qui se cultive ! Elle dépend de nos capacités d'adaptation, de notre agilité situationnelle ou devrait-on dire, de la plasticité de notre cerveau.

Pour conserver notre adaptabilité, l'expérience d'autorité est insuffisante, il faut cultiver d'autres expériences émotionnelles, vivre pleinement, oser la peur, oser sortir de nos sentiers battus.

C'est ce que **Nietzche** exprime quand il nous invite à « *vivre dangereusement* ».

Pourquoi aurais-je peur de mes émotions si elles me font avancer ? Est-ce que laisser libre court à mes émotions reviendrait à ne plus me maîtriser ? A obéir aveuglément à mes pulsions ?

Pour éliminer ces préjugés, il nous faut mieux comprendre nos émotions...

[34] J. W. GOETHE, *Les affinités électives,* Paris, Gallimard, 1980

07.2 L'émotion, un bon indicateur pour moi

Durant de nombreuses années, influencées par le règne du behaviorisme en psychologie, très peu d'efforts ont été menés pour expliquer ce qui donnait naissance à nos émotions. Les émotions étaient considérées comme les autres processus mentaux et représentaient des concepts non nécessaires à l'étude scientifique des comportements.

Les choses se mirent à changer à la fin du 20ème siècle, influencées par l'émergence des sciences cognitives et des neurosciences.

Le philosophe **Spinoza** avait ouvert la voie dans « *l'Éthique* » en 1675 (édition publiée post-mortem) avec une conception dynamique et inédite pour expliquer comment les émotions participaient à l'adaptation du vivant. Il va inspirer **Antonio Damasio**, professeur neurologue, qui nous interpelle sur l'utilité des émotions dans son ouvrage « *Spinoza avait raison* »[35] (2003). Non seulement les émotions sont vitales pour tout être vivant, mais surtout elles permettent de distinguer ce qui est bon de ce qui est mauvais pour nous, dans le but d'accroître notre puissance d'être.

Pour **Spinoza** les émotions sont des ***guides*** qui permettent « *d'orienter les désirs auxquels nous sommes déterminés par l'état affectif que nous subissons* ».

Cette vision permet de redonner leurs lettres de noblesse aux émotions, levier capital de notre orientation.

Le film d'animation « *Vice-Versa* »[36] développé par les studios **Pixar** en 2015, au-delà d'être une œuvre originale et pleine de fantaisie, apporte un éclairage intéressant. Il met en scène cinq drôles de personnages, rassemblés autour d'un centre de contrôle. Les cinq personnages représentent la joie, la tristesse, la colère, la peur et le dégoût. Ils passent leur temps à se disputer les manettes de l'influence.

---

[35] A. R. DAMASIO, *Spinoza avait raison : joie et tristesse, le cerveau des émotions,* Paris, Odile Jacob, 2003.
[36] *Vice-Versa,* film d'animation, STUDIO PIXAR, de Pete Docter, sorti en salle 2015.

La catégorisation de nos émotions en cinq dominantes de base que nous trouvons dans « Vice-Versa » est proche de celle utilisée en psychologie.

Paul Ekman a montré aux anthropologues qu'en travaillant à partir des expressions du visage, nous pouvions retrouver six émotions universelles. Les émotions plus complexes proviennent ensuite d'un mélange de ces émotions de base. Ce patrimoine d'émotions fondamentales commun à la grande famille humaine existe indépendamment de toutes spécificités culturelles. Pour vérifier son hypothèse, il est allé jusqu'à confronter sa théorie en la testant auprès d'aborigènes de Papouasie-Nouvelle-Guinée. C'est sans aucune difficulté qu'ils ont pu identifier les différentes expressions faciales à partir de photos.

Dans le même registre que les tests de personnalité, la catégorisation des émotions en grandes typologies est un excellent support à la compréhension et à la réflexion. La simplification va faciliter notre traitement de l'information.

Elle n'échappe toutefois pas au biais social et culturel et ne doit pas se substituer au pouvoir et à la richesse du vivant.

Si maintenant nous considérons cette palette de cinq émotions qu'il nous est donné d'analyser, nous constatons qu'elle comporte plus d'émotions négatives que positives.

Comment peut-on l'expliquer ?

Tout simplement parce que la joie, la confiance et leurs dérivées sont des émotions liées à un idéal, à une représentation fantasmée du monde que l'on poursuit tous, qui nous attire et nous pousse à agir. Plus nous avons le sentiment de nous rapprocher de lui, plus la joie et la confiance grandissent.

Simplement, nous avons pu tous en faire l'expérience, la vie est semée de nombreuses embûches, obstacles, internes et externes, qui se dressent sur notre chemin et nous empêchent d'atteindre notre objectif. Ces difficultés que nous rencontrons engendrent alors, selon les circonstances, peur, dégoût, tristesse ou colère.

Est-ce réellement problématique ? Doit-on à tout prix éviter ces émotions négatives ?

Comme illustré dans le film de **Pixar**, et surtout comme vous pouvez en faire l'expérience au quotidien, les émotions négatives ont une fonction importante.

Parfois un trop plein de tristesse va agir comme un booster pour opérer un changement et accepter de franchir un cap, une nouvelle étape dans sa vie. La peur ou le dégoût, par phénomène de rejet, peuvent éviter de s'engager dans une voie peu écologique pour soi et éviter de commettre une erreur.

En d'autres termes, les émotions sont des indicateurs. Elles servent à alerter ou à rétablir un équilibre dans le cas d'une situation inconfortable, dangereuse, compliquée. Dans une configuration établie, les émotions peuvent donner l'alerte qu'un besoin n'est pas satisfait, qu'il y a un dysfonctionnement.

Souvent les émotions sont comparées aux voyants lumineux sur le tableau de bord d'une voiture, ils ont tous leur utilité, qu'ils soient négatifs ou positifs. Ils signalent qu'un besoin important pour nous est nourri ou a besoin de l'être.

D'après les recherches de **Wundt**, médecin/psychologue allemand, créateur du premier « *Institut de Psychologie Expérimentale* » en 1894 les expériences émotionnelles s'expriment dans trois manifestations.

Prenons pour exemple une situation issue de la vie de tous les jours. Vous êtes arrêté au feu rouge, un conducteur peu concentré manque de vous percuter. L'expérience est de forte intensité et désagréable. Vous poussez un cri et klaxonnez violemment. Le conducteur, l'air très menaçant, sort de sa voiture.

Face à ce danger, trois options s'offrent à vous : la sidération, l'affrontement ou la fuite.

Tout d'abord, selon la qualité hédonique de l'expérience (agréable ou désagréable) et de son intensité (forte ou faible), nous allons, générer une réponse émotionnelle de type satisfaisante ou non satisfaisante. Cette réponse est liée à notre histoire, notre vécu, à notre personnalité et à notre mémoire (tout ce qui est imprimé sur notre tabula).

Cette manifestation très subjective explique les variations d'interprétation d'une personne à une autre. Il peut arriver qu'une situation provoque chez un individu un cocktail de sensations agréables, lesquelles vont susciter une émotion particulière, absolument incompréhensible par d'autres. Ces décalages de lecture ou de réaction sont, sans nul doute, à l'origine de bon nombre de situations de mauvaise communication interpersonnelle.

La charge émotionnelle vécue va enclencher mécaniquement une décharge hormonale. Nous aurons certainement une montée de cortisol liée à la peur, qui va permettre à nos fonctions biologiques de se mobiliser pour faire face. Notre rythme cardiaque s'accélérera nous préparant à un effort physique pour fuir ou nous battre. C'est la manifestation physiologique.

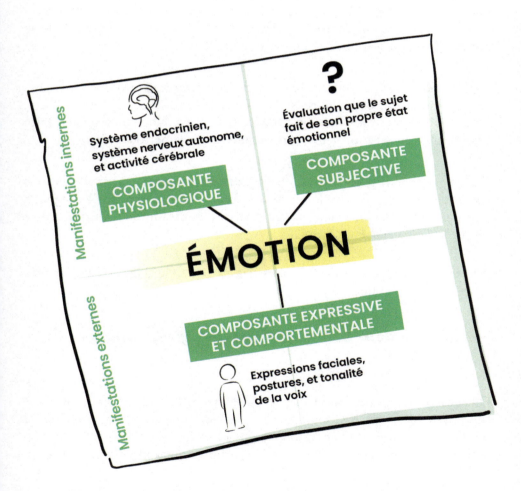

Si nous ajoutons aux manifestations internes une manifestation comportementale, nous arrivons alors au modèle tridimensionnel. Dans ce dernier notre réaction est intégrée : approche, immobilisme ou recul. Ces réponses comportementales externes, expressions faciales ou corporelles, sont autant d'indicateurs de notre état interne. Nous reprenons alors l'idée que : ce que la tête ne dit pas, c'est le corps qui va l'exprimer.

Ces connaissances fondamentales pour l'efficacité relationnelle sont notamment développées à travers toutes les approches sur la communication non verbale.

Dans cette dernière, le message rationnel véhiculé par les mots ne compte que pour 7 % de l'impact du message. Toutes les composantes non verbales, et du coup multisensorielles, vont jouer pour l'essentiel de la compréhension, soit les 93 autres pourcents.

Ainsi, nous prenons la pleine mesure des émotions comme puissants révélateurs de nos états internes. Ils peuvent être révélateurs d'états altérés, de non-alignement avec soi ou avec les situations. Nous pouvons en faire l'expérience au quotidien ou dans de plus longues périodes de vie.

Il n'est pas rare de pouvoir observer chez nous ou autrui des manifestations corporelles (ex : « j'en ai plein le dos ») qui ne sont autres que les signaux physiques visibles d'un bien ou mal-être, résultantes immédiates sur notre corps de notre état émotionnel.

Autrement dit, nos émotions jouent à la fois un rôle d'indicateur, d'alerte et un rôle protecteur.

Mes émotions sont porteuses de signaux utiles pour moi.

Qu'elles soient positives ou négatives, elles permettent de nous orienter sur le fait d'être au bon endroit avec les bonnes personnes, d'agir de la bonne façon. Non pas par rapport à des idées toutes faites sur le bien ou le mal, mais bien par rapport à soi, son propre fonctionnement, sa propre histoire.

Ainsi, pour résumer, que l'on veuille ou non accorder de l'attention à ces signaux, ces voyants, ils trouveront toujours une manière de s'exprimer, même si cela doit passer par une somatisation.

07.3 Mes émotions agissent de manière inconsciente

Vous avez maintenant des indices de plus en plus clairs sur l'utilité des émotions.

Nous l'avons vu, une émotion peut se manifester par une réaction physiologique. Celle-ci peut être déclenchée par un facteur extérieur ou par la pensée. Effectivement, le cerveau ne fait pas la différence entre le réel et l'imaginaire. Ainsi sommes-nous capables de déclencher une émotion par un simple souvenir qui nous a marqué et de nous reconnecter à l'expérience agréable ou désagréable, en la revivant, parfois même en la déformant, l'atténuant ou l'amplifiant.

Ce sont à travers nos cinq sens que nous allons avoir une réaction spécifique à chaque émotion : via nos postures faciales ou corporelles. D'où l'expression *« avoir la peur marquée sur son visage »*.

À cela, ajoutons le principe que les émotions constituent des réponses préprogrammées de l'inconscient.

> **Je ne maitrise pas l'émergence de mes émotions.**

En effet, nous sommes conscients de nos émotions par les réponses physiologiques qu'elles engendrent, mais pas de l'intimité de leur fonctionnement. Le circuit par lequel elles passent est inconscient.

L'inconscient stocke toutes les informations de notre vécu depuis notre enfance. Une fois qu'il y a une forme de perfection qui s'imprime il n'est plus nécessaire de repasser par la raison pour avoir la beauté du geste. On ne passe que par l'émotion.

Ce système fonctionne ainsi depuis la nuit des temps. **Freud** parlait du ***surmoi*** pour évoquer une force inconsciente qui nous empêchait, ou nous guidait.

Schopenhauer dans son ouvrage principal « *Le monde comme volonté et comme représentation* » utilise le concept de « *will* », ***volonté***.

Schopenhauer ne recourt par au terme ***volonté*** dans son sens commun de lecture. Il cherche davantage à valoriser cette force de vie, celle qui nous pousse, de manière inconsciente.

Nietzche s'appropriera par la suite ce concept sous la formule de ***volonté de puissance***, « *wille zur macht* ». Formule malheureuse qui sera d'ailleurs très mal comprise car perçue comme la justification d'une recherche de pouvoir absolu dans toutes ces connotations négatives et nazies de l'époque.

En réalité, le sens que donnent **Nietzche** et **Schopenhauer** à ce terme « *will* » est uniquement conjugué au désir de vie. Ce désir inconscient, cette pulsion de vie qui anime tous les êtres vivants.

De la même manière le « *Zur Macht* », du verbe « *machen* » en allemand, évoque la ***pulsion à faire*** ou ***pulsion à agir***. C'est l'appel permanent et inconscient qui nous anime.

Nous retombons ainsi sur le fonctionnement inconscient détaillé par **Freud**, celui qui met en évidence le formidable potentiel du process émotionnel et le phénomène de pulsions associées (pulsion de vie et de mort).

Comme nous sommes sur une logique dynamique, les expériences positives vont venir renforcer le réflexe à l'action satisfaisante et les expériences négatives vont venir diminuer le réflexe à l'action inefficace.

Dès lors, c'est grâce à la variété de nos expériences vécues, l'enrichissement des motifs de notre ***tabula***, que nous allons alimenter ou potentialiser notre fonctionnement ou intelligence émotionnelle.

L'expérience que je vais avoir, les choix que je vais opérer, la vie que je vais mener, plus tranquille ou dangereuse, vont augmenter ou diminuer inconsciemment ma ***volonté de vie***, mon élan vital.

Ainsi par ses reliefs, la vie va avoir plus ou moins de goût, de saveur.

07.4 Mes émotions agissent de manière immédiate

Une autre caractéristique majeure et singulière de l'émotion réside dans son caractère immédiat. De celui-ci on peut rapprocher le mode de fonctionnement primitif existant chez l'animal.

Si l'émotion supporte allègrement notre mise en action, elle nous donne aussi l'opportunité de faire des choix plus rapidement.

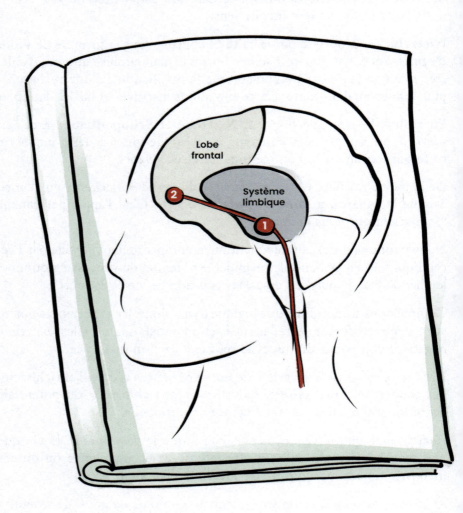

Au risque de vous surprendre, du point de vue physiologique, l'émotion obtient même systématiquement la priorité sur le raisonnement. En effet, l'émotion dépend du système limbique, qui reçoit les informations avant le lobe frontal, en charge de la pensée rationnelle.

Dès lors le processus réflexif ne pourra se faire que dans un second temps, bien après que l'action a eu lieu.

Ce matin je mets plutôt la robe jaune ou la veste bleue ?

Votre cerveau a déjà pris sa décision... mais vous ne le savez pas encore !

Votre cerveau fait des choix avant même que vous ne vous en rendiez compte.

Nous le savons de source sûre depuis mars 2019 grâce aux travaux des chercheurs **Roger Koenig-Robert** et **Joel Pearson** de l'Université de New South Wales aux Etats-Unis, publiés dans la revue spécialisée *Scientific Report*.

« *Nous avons réussi à décoder des informations sur les images choisies dans les aires visuelles, frontales et subcorticales en moyenne 11 secondes avant que la décision du participant n'intervienne.* », expliquent les deux coauteurs de l'article.[37]

« *Lorsque nous devons prendre une décision, les aires de décision du cerveau choisissent la trace de pensée la plus forte. En d'autres termes, si une activité préexistante du cerveau correspond à l'une des possibilités, alors votre cerveau tend à pencher pour ce choix-là, car il est boosté par cette activité déjà inscrite dans le cerveau.* »

- *Joel Pearson*

Via le concept d'activité **préexistante,** cette nouvelle étude confirme l'approche d'empreinte que nous avons déjà abordée. Elle met en lumière, de manière surprenante, les notions de vitesse et de primeur de l'émotion sur la prise de décision. Elle permet surtout de valider la préférence du cerveau pour des choix qu'il a déjà effectués et dont il a été satisfait lors d'expériences précédentes.

Cela démontre la place très importante de l'activité inconsciente entre : la réalisation consciente du choix et la sensation consciente d'avoir effectué ce choix.

---

[37] R. KOENIG-ROBER et J. PEARSON, extrait dans https://www.sciencesetavenir.fr/sante/cerveau-et-psy/notre-cerveau-prend-ses-decisions-avant-qu-on-ne-le-sache_132097

Ou tout simplement, que notre cerveau a décidé, par un processus inconscient : celui de notre intelligence émotionnelle !

David Hume, empiriste écossais, résumera cette situation, dans son Traité de la nature humaine : « *la raison ne peut être que l'esclave des passions et n'a d'autre rôle que de les servir* . »[38]

Mon cerveau décide pour moi avant même que j'en ai conscience.

Parlant des émotions et de leur rapidité, la sagesse indienne dit « *ne pas attendre que l'émotion arrive pour s'en occuper, une fois que le feu est parti, il est trop tard* ».

Autrement dit, il faut préparer le terrain, entrainer la connaissance de soi. D'une certaine manière cela consiste à mettre des détecteurs de fumée, prendre le temps de capter les signaux, laisser de la place pour accueillir les émotions. Ne pas chercher à les refouler ou les étouffer car elles prendront vie quoi qu'il arrive et seront le déclencheur de nos actions.

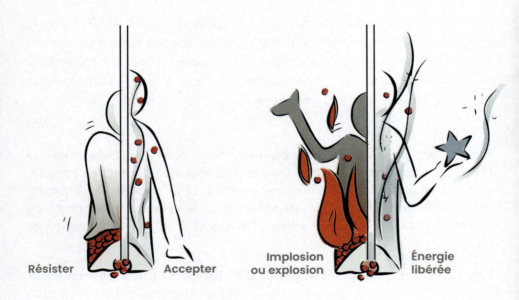

Résister   Accepter   Implosion ou explosion   Énergie libérée

[38] D. HUME, *L'entendement : traité de la nature humaine,* Paris, Poche, 1999.

Prendre les émotions sur le moment, leur laisser de la place pour s'exprimer quand elles jaillissent, c'est aussi éviter qu'elles nous débordent et ne puissent plus communiquer avec notre raison.

ET SI J'ÉTAIS **VIBRATIONS** ?

Mes émotions constituent ma musique intérieure. Alors jusqu'où peut-on entendre cette analogie ?

Tout d'abord, la perception de la musique est immédiate et totale. Nous n'avons nul besoin de la rationaliser ou de la découper pour pouvoir l'apprécier. De plus, chaque tonalité, chaque vibration nous induit à la joie, à la tristesse, à l'angoisse, à l'espoir. Notre corps s'associe au rythme. Comme s'il existait en nous un clavier similaire à un instrument de musique, qui résonne immédiatement à l'écoute de ses accords.

Essayez d'imaginer un film sans sa bande sonore, immédiatement de nombreuses scènes perdent leur saveur, elles en deviennent incompréhensibles.

Nos émotions semblent avoir la même nature que la musique, une nature ondulatoire. Des vibrations qui s'accordent instantanément.

08.1 La physique ondulatoire de mes émotions

« La musique n'exprime pas les sentiments, elle est sentiment exprimé ».

- Ansermet

Un air peut sembler complexe et pourtant ce n'est que l'assemblage de notes pour un musicien et d'ondes acoustiques pour un physicien.

Est-il possible de trouver dans notre cerveau des notes émotionnelles, des ondes émotionnelles ?

Pour **Kant**, les seules formes qui existent « *a priori* » dans le cerveau de l'Homme sont : le temps et l'espace. C'est exactement ce qui suffit à définir une onde.

Chaque sensation ou perception d'un objet correspondra à une onde émotionnelle en nous.

Avant de poursuivre l'analyse de ce qui se passe au niveau de nos émotions, essayons de comprendre ce qui se passe au niveau de la musique.

Pour faciliter la compréhension, imaginez un caillou que l'on jetterait dans l'eau. L'impact du caillou va créer une série de **vagues** qui vont se déplacer à la surface de l'eau.

C'est exactement ce qui se passe avec l'air quand nous pinçons une corde de guitare. En déplaçant notre doigt nous changeons la longueur de la corde qui vibre. Chaque longueur va correspondre à ce que nous appelons une « note ». Chaque note est une oscillation de la densité de l'air, alternant bosses et creux.

Ainsi, ce qui distingue une note d'une autre sera la succession, plus ou moins rapide, des bosses et des creux. Ce que l'on dénomme ***fréquence caractéristique de la note*** correspond au nombre d'oscillations par seconde.

À noter que la note pourra être identifiée à une distance (en fonction de la longueur de la corde), ou à un temps (en fonction de la durée écoulée entre deux bosses du même type).

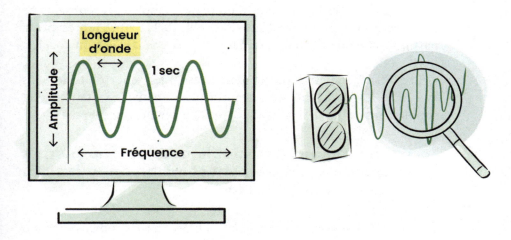

Observer ce phénomène sur un cycle complet permet de bien comprendre le principe de variation des distances (longueur d'onde) et des temps (fréquence).

Le point commun de ces deux représentations est constant : c'est la vitesse de propagation du son dans l'air.

À cela il convient d'ajouter que l'association entre une note et une distance ou un temps est totalement arbitraire. **Pythagore** l'a analysée pour apporter le premier principe de gamme. Aujourd'hui ce principe a évolué pour se rapprocher d'un découpage mathématique encore plus poussé.

Un son est un mélange complexe d'oscillations de diverses fréquences.

Mais alors comment donc une fonction avec des signaux complexes peut-elle être restituée ou comprise de manière simple et instantanée par notre corps ? Comment peut-on percevoir la musique facilement ?

Il est maintenant temps d'entrer dans la compréhension des formidables pouvoirs du corps humain…

08.2 La cochlée

En effet, notre oreille est dotée d'un organe fabuleux responsable de notre perception musicale. Cette merveille de la nature représente la partie auditive de l'oreille interne et s'appelle la cochlée ou cochlea.

Grâce à sa géométrie particulière d'escargot, elle pilote le sens auditif. Elle est capable de retranscrire de manière instantanée et simple l'ensemble d'un signal acoustique même complexe.

> **J'ai en moi un formidable outil qui me permet de percevoir simplement et instantanément des informations complexes.**

La capacité d'analyse sonore de la cochlée, ou tonotopie, s'exprime tout au long du conduit cochléaire. Elle intègre une représentation complète du spectre auditif et traite à la fois fréquence et intensité.

Son fonctionnement est fascinant.

Les parois de la cochlée forme une spirale osseuse dans laquelle les ondes sonores se propagent sous forme de vibrations à l'intérieur d'un liquide. C'est cette forme de colimaçon qui permet la prise en compte de différentes fréquences.

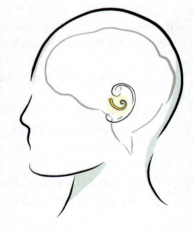

Comme vous pouvez le voir sur le schéma, quelle que soit la distance de la fréquence émise, elle pourra être perceptible à un endroit de l'escargot, puisque ce dernier peut accueillir toutes les distances possibles entre ses deux parois.

Peu importe le son d'entrée, il y aura à minima une distance qui correspondra à l'écartement de sa fréquence.

Comme l'ensemble des possibilités existe dans l'organe cochlea, nous allons pouvoir percevoir des cycles complets de sons ou ensemble de fréquences et en retirer une information auditive simple.

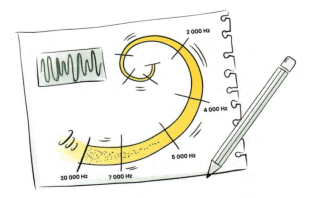

La cochlea va décomposer l'amas de vibrations complexes en vibrations de base et nous donner accès, de manière instantanée, à toute la richesse du son.

Ce qu'est capable de faire physiologiquement la cochlea, ce traitement de l'information, cette décomposition d'informations complexes en fonctions simples est celui que nous retrouvons en mathématique sous le nom de **transformé de Fourier**. C'est ce qui nous permet de transformer une musique en un enregistrement digital et explique le fonctionnement « magique » de l'application **Shazam**, qui comme notre oreille, reconnait quasi immédiatement un morceau à condition de l'avoir préalablement mémorisé.

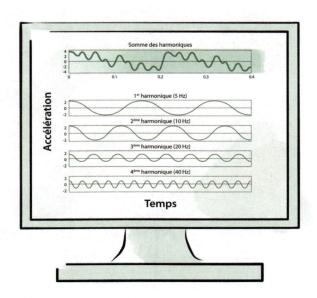

08.3 De la cochlée à l'hippocampe

Comme nous l'avons vu, la cochlea est un instrument corporel en forme d'escargot. Si l'on en croit les restes de fossiles d'anémone que nous retrouvons à travers le monde, l'escargot fait partie de ces inventions très anciennes, archaïques, de la nature.

Or, quand la nature invente une solution efficace, il n'est pas rare qu'elle la duplique dans d'autres configurations. C'est pourquoi le colimaçon, cette invention géniale de la nature, a été utilisé plusieurs fois dans son évolution.

On peut citer par exemple l'organe en spirale qui se trouve au cœur de l'équilibre ou de la proprioception des arbres. Ou encore l'escargot qui rend le rapport entre les différentes distances accessibles et qui fut longtemps utilisé par les constructeurs, y compris dans les pyramides d'Égypte, pour trouver des proportions harmonieuses via le **Nombre d'or**. En mathématiques nous retrouvons cette structure sous le nom de **suite de Fibonacci**.

Il est fascinant de voir que cette structure très basique et à la fois fantastique de la nature se répète, traverse les âges, et représente une clé d'harmonie.

Peut-on imaginer qu'il existe, dans notre cerveau, un organe équivalent qui décomposerait instantanément et inconsciemment la masse d'informations complexes que nous recevons à chaque instant en motifs émotionnels simples ?

Serait-ce lui, l'outil si puissant qui nous pousserait à agir sans validation systématique de notre raison ?

Eh bien oui et nous pensons savoir où il se trouve !

Il existe dans le cerveau un endroit qui ressemble à un colimaçon, un endroit où tous les sens convergent et qui s'appelle l'hippocampe. C'est sa ressemblance avec l'animal qui lui a valu ce nom.

Nous découvrons non seulement que cet organe existe mais en plus qu'il est le siège de toutes les émotions et point de départ de toutes nos actions !

> **J'ai en moi un formidable outil qui synthétise toutes mes émotions.**

Mais où se trouve donc cette merveille anatomique et comment influe-t-elle sur notre comportement ?

08.4 Système limbique

L'hippocampe, organe cérébral capable de cette prouesse est situé dans le système limbique, en plein cœur de notre cerveau !

Afin d'explorer son fonctionnement de manière plus fine, nous vous proposons d'abord de rappeler quelques éléments sur la structuration du cerveau humain. À savoir, il peut être vu comme l'amalgame de 3 cerveaux empilés les uns sur les autres.

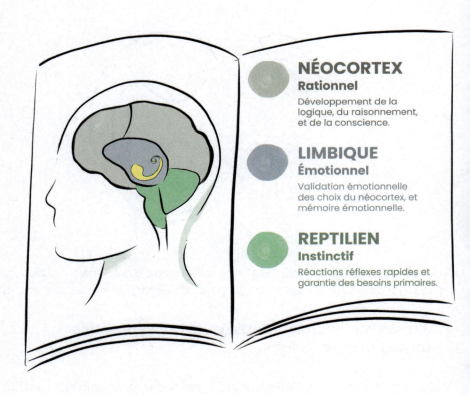

NÉOCORTEX
Rationnel
Développement de la logique, du raisonnement, et de la conscience.

LIMBIQUE
Émotionnel
Validation émotionnelle des choix du néocortex, et mémoire émotionnelle.

REPTILIEN
Instinctif
Réactions réflexes rapides et garantie des besoins primaires.

À sa base est le cerveau reptilien, composé du tronc cérébral et des structures du mésencéphale. Ce dernier contrôle les mécanismes de survie basique et constitue la partie la plus ancienne du cerveau humain. Au centre se trouve le cerveau limbique, région située sous le cortex et responsable de nos émotions. Au sommet se trouve le Néocortex comprenant le cortex et les lobes frontaux.

Cette structure du cerveau en trois parties, ou ***triunique*** a été proposée dans les années soixante par le neurobiologiste **Paul Maclean** pour refléter l'histoire *évolutive* de notre cerveau : depuis le mécanisme de survie, purement réactif, qui domine chez les animaux primitifs, jusqu'à l'organe capable de conscience plus évolué chez l'Homme.

Si cette schématisation facilite la compréhension globale, nous allons voir que la notion de hiérarchisation n'est pas tout à fait adéquate et qu'il serait plus juste de l'envisager de manière systémique.

Intéressons-nous à la partie qui retient particulièrement notre attention puisqu'elle abrite notre fameux hippocampe : à savoir le système limbique, appelé aussi ***cerveau émotionnel***.

Le système limbique rassemble dans un seul système, les différentes structures de l'encéphale, chacune responsable d'une fonction principale, toutes interdépendantes et reliées entre elles.

Cet ensemble, composé de l'hypothalamus, du corps amygdaloïde et de l'hippocampe, participe à la fois à l'apprentissage, à la mémoire, au traitement des émotions, et à la prise de décision. Il joue un rôle majeur dans le comportement puisque c'est l'endroit du cerveau où se concentrent toutes les informations sensorielles. C'est aussi de là que partent toutes les actions les plus élémentaires. Il joue le rôle de frontière ou interface pour toutes les informations avant qu'elles ne soient transmises au cortex.

Toutes les informations qui doivent aller au cortex, à quelques très rares exceptions, passent par le système limbique.

À proximité se trouve le thalamus, sans lequel notre système limbique ne pourrait fonctionner.

Le thalamus occupe une place centrale dans le cerveau à la croisée du cortex et du mésencéphale.

Son rôle de relais est indispensable puisque tous les stimulus des sens convergent vers lui avant d'être dispatchés vers le cortex. C'est d'ailleurs pour cela que l'on parle du thalamus comme étant *l'antichambre* du cortex (vu comme chambre principale).

Il est doté de caractéristiques optimales pour remplir son rôle. Composé de deux noyaux, il est présent sur chaque hémisphère du cerveau. Central, il est en lien avec le réseau nerveux allant dans toutes les directions périphériques.

Ce qui nous intéresse est qu'il a un fonctionnement vibratoire qui lui permet à la fois de recevoir toutes les informations sensorielles et de les traiter. En effet, à partir des signaux électriques qu'il reçoit, il va les retransmettre sous forme d'impulsions, signaux ondulatoires, aux autres parties du cerveau. Le système limbique, en l'occurrence, va pouvoir traiter l'information ondulatoire et envoyer des instructions en retour. D'où l'importance donnée au rôle du thalamus dans notre système moteur.

Dès lors, nous cernons plus aisément le carrefour majeur que constituent pour nous le thalamus et le cerveau limbique au cœur de notre moteur. C'est d'ailleurs ce qu'**Aristote** avait compris intuitivement, sans appui de la science, et qu'il appelait le *sens commun*, ou la capacité inconsciente dont nous disposons à synthétiser toutes nos perceptions émotionnelles ou signaux sensoriels avant même que le travail de conscience n'opère.

Parlant de magie émotionnelle, c'est là qu'intervient l'hippocampe !

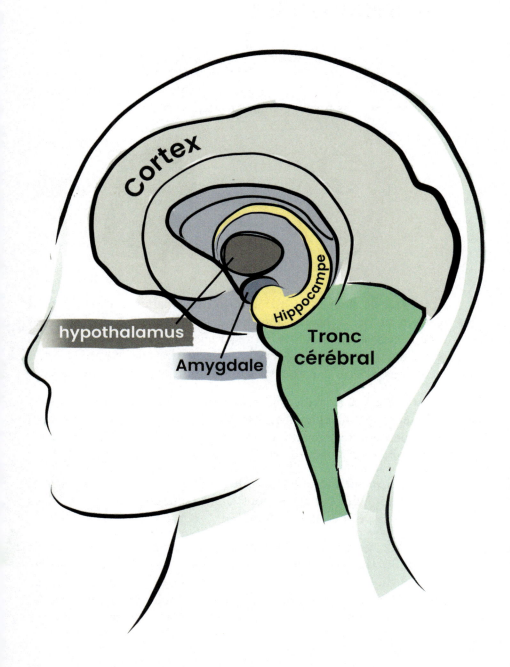

08.5 Notre mathématique émotionnelle

L'hippocampe constitue la bibliothèque de notre mémoire émotionnelle. Il est le bagage qui rassemble tous les motifs de nos expériences sous forme d'émotions déjà vécues.

Il permet de stocker en mémoire les informations nouvelles, mais également de comparer les stimulations sensorielles avec celles que le cerveau connait déjà. Il regarde s'il retrouve des similitudes, souvenirs de lieux, sons, odeurs, représentations de l'espace (... etc.) et va y associer une composante émotionnelle satisfaisante ou non.

C'est grâce à sa structure en colimaçon, gérant toutes les distances/fréquences possibles, qu'il est capable d'opérer. Comme s'il effectuait une opération mathématique de synthèse dont le résultat serait : « je le sens bien ou je le sens mal », « j'agis ou je n'agis pas ».

Dès qu'il reçoit quelque chose de nouveau, dès que nous sommes confrontés à une situation, nous allons comparer avec ce que nous avons déjà vécu et agir en fonction.

En effet, grâce à l'information ondulatoire envoyée par le thalamus, très rapidement, l'hippocampe va examiner s'il existe une musique qui répond au choix de façon satisfaisante ou au mieux. Il va tenter de trouver, dans notre bibliothèque interne, des motifs similaires, résultant de toutes les expériences passées, qui pourraient constituer une réponse.

Comme s'il cherchait la pièce du puzzle qui pourrait compléter au mieux notre objectif d'image harmonieuse.

Il effectue cette opération à très grande vitesse et précision, grâce au système qui biologiquement reproduit la mathématique des transformées de **Fourier**, sorte de Shazam organique.

Chaque fois que nous vivons une nouvelle expérience, nous enrichissons la bibliothèque.

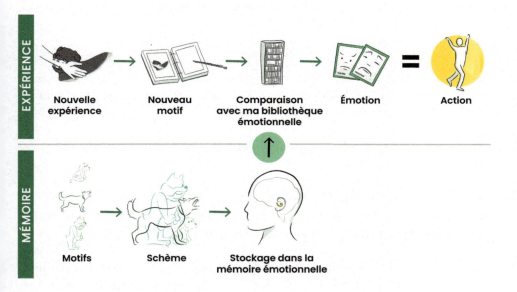

Eureka !

Voilà pourquoi nous nous sentons parfois bloqués sans comprendre pourquoi… Voilà ce qui explique que nous savons ce qu'il faut faire et ne nous lançons pas !

C'est probablement qu'il existe dans notre bagage émotionnel, un motif négatif associé à une ancienne expérience similaire, qui nous empêche de réitérer ladite expérience.

> **Je sais à quel endroit en moi se passe la validation d'action ou de blocage.**

Cela explique aussi pourquoi l'hippocampe, centre de nos décisions émotionnelles, est si important pour appréhender la psychologie cognitive. Son traitement immédiat de l'émotion constitue la base de notre intelligence émotionnelle.

À l'ère où nous glorifions la data et son traitement sophistiqué, il est assez incroyable de se rendre compte que ce qui manque à mon ordinateur, ou aux algorithmes, c'est l'intelligence émotionnelle !

Avez-vous déjà entendu l'expression « *se laisser dominer par ses émotions* » ?

Comme si l'émotion était assimilée à une déviance primaire, voire bestiale... comme si nous nous **laissions aller** à un excès de simplicité...

Nous réalisons en fait qu'il s'agit du contraire !

Le traitement émotionnel qui passe par l'hippocampe est d'une puissance rare, dans le sens où il permet de rendre compte d'une très grande complexité en un temps record.

Avez-vous déjà entendu quelqu'un vous dire « *je fonctionne au feeling, j'ai ma propre logique* » ?

Alors qu'il nous arrive d'être dans le doute et de retourner un problème dans tous les sens en pesant le pour et le contre, sans parfois parvenir à une issue, la résolution émotionnelle tranche toujours !

Le processus, le conditionnement, les empreintes qui nous constituent, **Simon and Garfunkel** les évoquent poétiquement dans leur chanson **patterns** dans laquelle ils parlent de **motifs** : « peints sur mon mur... » « Le modèle de ma vie », « le puzzle qui est moi, depuis le moment de ma naissance, jusqu'à l'instant de ma mort. », « Il y a des modèles que je dois suivre, tout comme je dois respirer chaque respiration... », « Ma vie est faite de modèles, et il est normal qu'elle le soit », « Comme la couleur de ma peau », « Et le modèle demeure », « Jusqu'à ce que le rat meure... », « Cela peut difficilement être contrôlé. », « Comme un rat dans un labyrinthe. Le chemin devant moi se trouve. », « Et le modèle ne change jamais ».

L'approche constructiviste de l'école du Mental Research Institute de **Palo Alto** ne sera pas si ferme sur ce dernier point. Si la réalité de nos motifs ne change pas fondamentalement, nous pouvons nous attacher à reconstruire, réorganiser les motifs pour faciliter l'accès à une nouvelle perspective, réécrire l'histoire pour mieux la vivre.

Maintenant que nous avons cerné les principes d'ancrage inconscient et de traitement instantané, en mode inductif, reste à comprendre la logique d'ondes.

08.6 Ondes cérébrales

Vous avez déjà dû entendre parler d'ondes cérébrales, nous pourrions aussi parler d'ondes émotionnelles !

En effet, Il existe cinq types d'ondes cérébrales qui fonctionnent presque comme des notes de musique. Chacune de ces ondes est mesurable. Certaines agissent à basse fréquence, d'autres à une fréquence plus élevée.

Il n'y a pas de meilleure onde qu'une autre, toutes sont importantes car elles traduisent le résultat de l'activité électrique de nos neurones en fonction de nos activités, nos pensées, nos états mentaux.

Dès lors, notre cerveau va plus ou moins les solliciter, tout au long de la journée selon les besoins.

Alpha   **Bêta**   **Gamma**   **Thêta**   **Delta**

Les ondes Alpha sont lentes, elles oscillent entre 8 et 13 hertz (Hz). Leur circulation dans notre cerveau correspond à un état de calme et de relaxation légère. Elles sont favorables à la créativité et au développement d'apprentissages.

Les ondes Bêta sont les plus rapides, elles oscillent entre 15-30 Hz. Elles résultent d'une intense activité neuronale et correspondent aux phases de plein éveil et aux activités intenses de la journée. Quand vous êtes pleinement concentrés sur ce que vous faites, vous fonctionnez en **ondes Bêta**. Un niveau optimal de ces ondes nous aide à être beaucoup plus réceptif, concentré sur l'amélioration de notre capacité à résoudre les problèmes.

Les ondes Delta oscillent autour de 1 à 3 Hz.
Ce sont celles qui sont les plus lentes et qui ont la plus grande amplitude d'ondes. Elles sont liées à notre sommeil profond, elles favorisent notre repos et protègent le système immunitaire. Elles correspondent à une sensation intense de quiétude. Dans cet état, la conscience de l'environnement n'existe plus et toute notion de temps est perdue.

Les ondes Thêta oscillent autour de 4 à 8 Hz.
Plus rapide que les ondes Delta, elles sont liées à une relaxation intense où le corps est endormi mais l'esprit reste dans une forme d'alerte, suspendu entre veille et sommeil. Les ondes Thêta favorisent nos capacités imaginatives et la connexion à notre intuition.

Enfin les ondes qui nous intéressent, semblent avoir été plus récemment découvertes, il s'agit des ondes liées à l'émotionnel, à savoir : **les ondes Gamma**.

Nous parlons ici d'ondes qui trouvent leur origine dans le thalamus et qui se déplacent dans le cerveau, vers le cortex, avec une fréquence variable puisqu'elles oscillent entre 30 et 100 Hz. Nous devons préciser que les neuroscientifiques commencent seulement à rassembler davantage de données sur ce type d'ondes, encore mal connues tant il est difficile de les capturer dans les électroencéphalogrammes. Dernièrement les travaux de **Rodolfo Lina**s, chercheur en neurosciences colombien, ont réussi, par technique de Magnétoencéphalographie (MEG), à mesurer que les noyaux thalamiques seraient à l'origine de la transformation de tous les signaux électriques sensoriels en ondes gamma de fréquence de 40Hz.

Ces **ondes Gamma** liées à des tâches de traitement cognitif élevé, favoriseraient ainsi le traitement des informations par le système limbique et donc l'intégration des mémoires, pensées, apprentissages, et de toutes les informations que nous recevons. Elles semblent opérer de concert avec ***les ondes Thêta*** hippocampiques (4 à 8 Hz).

Les ondes Gamma, fugaces, disparaissent lors d'une anesthésie ou avec certains médicaments. Elles ont un rapport avec nos préférences d'apprentissage, avec notre capacité à établir de nouveaux liens à partir d'informations mais également avec nos sens et nos perceptions. Nous savons par exemple que les personnes ayant des problèmes d'épilepsie, problèmes d'ordre cérébral (type Parkinson) ou problèmes d'apprentissage, tendent à avoir une activité d'ondes gamma plus faible que la moyenne.

Voici comment nos émotions, nos activités, nos états internes se manifestent et vont circuler via le spectre ondulatoire en nous. Voici également comment nous validons le fonctionnement émotionnel décrit plus haut. En multipliant les expériences nous pouvons constater des polarisations positives à certains endroits lorsqu'il y a association entre une expérience et une notion de plaisir.

Ce sont donc ces ondes, cette musique, qui vont être synthétisées au cœur de notre système limbique et qui vont influer sur nos actions sans que nous ayons de prise dessus.

Connaître les différents types d'ondes nous permet de comprendre que nos processus mentaux, nos émotions et dynamiques génèrent un type d'énergie que nous ne pouvons pas maîtriser consciemment ou très difficilement.

Certes, certaines techniques facilitent le passage des **ondes Bêta**, de pleine activité, aux **ondes Alpha** ou **Thêta**, de relaxation. D'autres proposent d'agir sur le flot continu de nos pensées, la réduction du stress, nous aident à gagner en état de conscience ou encore améliorent la qualité de notre sommeil.

Parmi elles, nous pouvons citer des pratiques ancestrales comme les bols chantants. Originaires de la région de l'Himalaya et utilisés depuis plus de 3000 ans, leur renommée est devenue mondiale du fait de leur effet curatif. Ces bols sont conçus de sorte à pouvoir émettre des musiques, vibrations, à des fréquences particulières, qui vont entrer en résonance avec les points d'énergie de notre corps pour le détendre, calmer l'esprit, entrer en haute énergie ou assurer un retour à la sérénité. La puissance de la force vibratoire de ces bols est validée par les thérapeutes du son à travers le monde, qui reconnaissent leur action bénéfique et leur effet libérateur dans le processus de guérison.

De manière plus classique, nous avons tous pu faire l'expérience de modification de nos états internes via l'écoute de musiques apaisantes ou énergisantes. Lorsque je suis triste et en énergie basse, écouter une musique qui m'enthousiasme va ou peut complètement modifier mon état.

C'est valable aussi pour l'humour qui permet d'opérer un ***switch*** automatique, d'ailleurs repris dans les pratiques orientales comme le yoga du rire.

Nous pouvons aussi citer, la ***cohérence cardiaque*** qui, par régulation de la respiration, va venir synchroniser les battements de notre cœur avec la fréquence du système nerveux autonome pour parvenir artificiellement à un état de neutralité énergétique. Nous pouvons encore nommer des machines de biorétroaction, capables de stimuler certaines ondes pour nous permettre d'atteindre des états de conscience modifiés.

C'est bien via le traitement de l'hippocampe que les ondes gamma vont constituer une harmonie entre nos émotions et nos sensations, toujours en quête d'un équilibre parfait.

> **En fonction de ce que je vis, des ondes porteuses de messages vont venir circuler en moi.**
>
> **Ces messages sont autant d'informations que j'utilise pour agir, sans même m'en rendre compte.**

08.7 Mes émotions sont subjectives

Chaque individu a un état émotionnel qui lui est propre.

Notre état émotionnel est subjectif et constitué de nos affects. Cette dimension seule fait de nous des êtres uniques et singuliers.

S'il peut nous arriver de penser la même chose ou d'adopter le même comportement qu'une autre personne dans une situation particulière, nous sommes toujours impactés par notre vécu et notre histoire personnelle. C'est ce qui fait que nous sommes tous différents et qui explique en grande partie la complexité humaine.

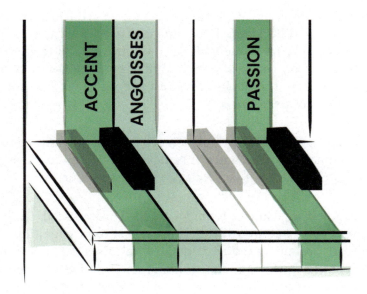

Au même titre que nous avons insisté sur la logique de perceptions et de réalités, il est important de souligner ce point car il engendre bien des malentendus dans les relations interpersonnelles ou l'appréhension des situations.

Si le son d'un mot peut être le même pour deux individus, s'il a un signifiant identique, il peut aussi avoir un contenu émotionnel très différent selon la personne qui le reçoit, le moment auquel il est reçu et l'état d'esprit du récepteur. On parlera alors de **signifié** différent.

Plus l'environnement expérimental est différent, plus l'état émotionnel est différent, plus la compréhension devient difficile, notamment lorsqu'il s'agit de cultures ou de groupes sociaux différents.

Plus l'environnement est semblable et circonscrit, plus l'expérience est commune et plus elle va pouvoir donner lieu à une compréhension partagée. C'est le cas notamment pour des spécialistes d'un même domaine : scientifique, mathématique, médical ou autre.

Face à l'émotion nous ne sommes pas tous égaux. L'émotion nous sert aussi à comprendre que l'autre n'est pas moi.

Dans un environnement identique chacun va avoir des émotions, et donc des réactions différentes. Dans une situation de danger, là où l'un va accourir au secours d'une victime, un autre va être tétanisé par la peur. Face à un échec, certains seront complètement abattus, là où d'autres y verront une opportunité. Tout cela est propre au vécu de chacun et relève de facteurs très personnels.

De la même manière, le code émotionnel peut varier d'une culture à l'autre, d'une époque à l'autre et va dépendre de nos connaissances. Ce qui est accepté aujourd'hui ne l'était pas forcément hier.

L'émotion est un élément fondamental de l'ordre social. Le groupe va agir sur nous pour que nous acquérions des savoirs cognitifs, savoirs vivre, et autres. Certains *savoirs* vont être valorisés ou non dans le groupe social auquel nous appartenons. La honte ou la fierté seront par exemple très liées à l'approbation ou à la désapprobation d'autrui. Le groupe va exercer une forme de contrôle social et nous orienter dans un chemin **socialement prescrit**.

Le développement de nos capacités ou de notre intelligence émotionnelle va être fortement impacté par notre vécu et revêt donc un caractère très subjectif.

La théorie de l'esprit distingue deux grandes catégories de facultés empathiques :

-*l'empathie cognitive,* qui nous rend capable de reconnaitre ce que pense ou ressent l'autre,

et

-*l'empathie affective,* qui nous permet d'avoir la réponse émotionnelle appropriée à une situation ou à ce que pense ou ressent l'autre.

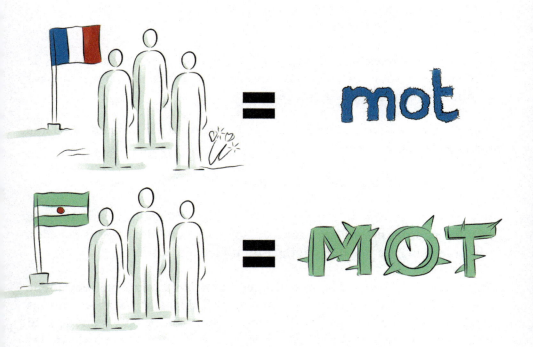

Si l'empathie est décrite comme étant notre « *capacité à voir le monde à travers les yeux de quelqu'un d'autre* », il est important de souligner que nous ne sommes pas tous égaux face à elle ! La magie du système émotionnel va opérer avec plus ou moins d'aisance selon notre bagage et l'environnement dans lequel nous évoluons. À défaut d'aisance nous pouvons même développer une forme de handicap.

Prenons par exemple le cas de l'autisme au sens médical du terme. Un bébé en pleine santé va apprendre à la fois de ses expériences et de celles des autres. À contrario, un bébé autiste, privé d'empathie cognitive et vivant peu d'interactions sociales, va être limité à ses propres expériences. Il va être dans l'incapacité d'utiliser les expériences des autres pour former sa personnalité. La bibliothèque du bébé autiste sera très riche et dans un sens, plus limitée dans sa variété, car elle sera essentiellement nourrie du vécu du bébé et ne bénéficiera pas de l'apport des relations avec d'autres enfants.

Si l'on reprend l'exemple de l'apprentissage d'une langue par un bébé en l'extrapolant à l'apprentissage émotionnel, un bébé en pleine santé aura eu beaucoup plus de sollicitations émotionnelles qu'un bébé autiste. L'ossature émotionnelle initiale, son clavier, sera plus complet chez un bébé non atteint que chez un bébé autiste.

Comme cette ***ossature*** se fige dans nos premières années de vie, le bébé autiste risque fortement de souffrir d'un déficit de comportement émotionnel dans la suite de sa vie.

Toutefois, ne pouvons-nous pas tous être concernés par ce handicap d'une manière ou d'une autre ?

Là aussi c'est très subjectif et dépendant de l'histoire de chacun.

Il y a ceux qui ont de bonnes capacités empathiques, et ceux dont le système émotionnel va être trop peu sollicité, pour des raisons sociales, par isolement, par manque d'intérêt du milieu, ou autre...

Statistiquement, nous pouvons constater un ***autisme social*** plus développé chez les hommes que chez les femmes, probablement lié à des raisons culturelles d'éducation et des différences faites dès le plus jeune âge. Si l'on considère qu'un garçon doit être plus dur, il bénéficiera de moins de démonstration affective et risquera un déficit plus important dans le développement de sa personnalité émotionnelle.

Notre personnalité émotionnelle n'a jamais la même couleur que celle des autres et nous pouvons tous, chacun à notre manière, et sur certains aspects, être concernés par une forme de handicap émotionnel pouvant aller du grave au très léger.

Certes, nous avons un bagage, cependant rien n'est rédhibitoire.

Comme pour un muscle, il n'est jamais trop tard pour le développer, et l'empathie cognitive est un fantastique accélérateur d'expérience ! Sans compter que nous disposons de différents atouts et qu'il n'est pas rare, comme dans le cas de l'autisme, qu'un déficit en intelligence émotionnelle soit compensé par un surcroît d'intelligence rationnelle. L'espace ou les touches qui devraient être occupées par de l'intelligence émotionnelle restent libres pour développer d'autres qualités ou intelligences.

Ainsi, s'il nous est compliqué de revenir sur notre passé, nous pouvons agir sur notre perception de celui-ci par de nouvelles expériences.

L'enseignement bouddhiste est instructif en ce sens lorsqu'il souligne que nous sommes **artisans de notre état d'esprit**.
« *Notre vrai protecteur c'est nous-même, notre pire ennemi c'est nous-même.* »

Nous sommes souvent tentés de penser différemment. Il est plus confortable de me dire que j'ai passé une mauvaise journée à cause de mon collègue plutôt que de mettre cela sur le compte de ma colère.

Il n'est pas aisé de trouver un bonheur durable et authentique tant que nous n'acceptons pas qu'il puisse dépendre de nous, du regard que nous portons sur les choses, du prisme à travers lequel nous lisons le monde.

Si je comprends que ce qui provoque mon bonheur est à l'intérieur de moi, alors je cesse d'attendre que les conditions extérieures soient parfaites.

« *Le récit de votre vie n'est pas votre vie, c'est votre récit* ».

- John Bart

Ce ne sont pas les faits relatifs à notre vie qui comptent mais ce que nous en faisons.

Notre récit de vie est comme un enregistrement permanent qui se joue dans notre tête et notre corps via nos expériences et c'est là toute la magie du système émotionnel.

Mon bagage émotionnel est unique, il m'appartient et j'en suis l'artisan.

ET SI J'ÉTAIS **RAISON** ?

Nous avons vu à quel point notre système émotionnel est puissant et à quel point il influence notre être.

À présent, nous vous proposons d'entrer dans un autre monde, celui de la raison.

09.1 Ma raison améliore ma capacité de survie et participe à mon évolution

Si mon système émotionnel est capable de faire la synthèse de mes expériences vécues et de me guider pour agir, pourquoi aurais-je besoin d'autre chose ? Puisqu'il existe un niveau en plus de l'émotion, à quoi sert-il ?

Si l'on observe l'évolution des espèces, au sens **darwinien** du terme, nous constatons le passage d'un système purement émotionnel à un système qui allie émotion et raison (avec un développement de plus en plus sophistiqué du système rationnel).

Physiologiquement notre cerveau reptilien s'est doté de différentes **couches** pour devenir le cerveau actuel, avec un déploiement de plus en plus important du cortex.

Fort de ces nouveaux atouts, l'Homme a pu aller au-delà de la fonction action et utiliser la ré-action en conscientisant cette fois la réponse pour pouvoir l'adapter.

Si nous sommes capables de prendre une information stockée dans notre mémoire et d'en faire l'analyse, nous aurons plus de possibilités ou scénarios qui s'offriront à nous.

C'est exactement le sens de l'évolution, destinée, par définition, à apporter des solutions plus performantes dans mon environnement, des solutions qui me conviennent mieux.

Nous avons dépassé le stade de la fuite qui nous permettait d'agir face à un animal menaçant. La raison nous a donné la faculté d'analyser si l'animal était vraiment dangereux ou s'il pouvait être comestible… et donc représenter une opportunité plutôt qu'un danger !

09.2 Ma raison traite les informations de manière consciente et objective

« Je pense donc je suis. »[39]   - René Descartes

A l'instar du système émotionnel, notre raison nous permet d'assimiler des informations de manière consciente. Parce que nous nous en rendons compte, nous lui attribuons une grande valeur.

C'est d'ailleurs cette faculté à penser, raisonner, qui, pour **Descartes**, nous différencie des animaux.

Au siècle de **Newton**, la vision de l'animal était purement mécanistique, nous savons aujourd'hui que l'évolution est beaucoup plus longue et subtile et que certains animaux sont aussi dotés d'une forme d'intelligence rationnelle.

Mais que se passe-t-il vraiment à l'intérieur de nous et comment notre raison agit-elle ?

Comme nous l'avons vu précédemment, notre fonctionnement cérébral se fait par la circulation de signaux électriques. Tous les stimuli convergent vers le thalamus avant d'être dispatchés vers le cortex qui va opérer un traitement des informations de manière analytique.

Une des principales fonctions de notre raison va être de mettre des étiquettes ou faire preuve de « discernement », c'est-à-dire capter quelque chose et lui donner un sens, entendre un son et lui donner une signification.

---

[39] R. DESCARTES, *Discours de la méthode*, Paris, Flammarion, 2000.

Notre raison travaille avec des symboles, des images, des mots. Elle ne sait travailler qu'avec des objets ou choses sur lesquelles elle a mis un nom. Son mode de fonctionnement est déductif et logique. À partir d'un signal ondulatoire ou motif, la raison va générer un symbole avec des caractéristiques.

Si un chien a l'apparence d'un chien, l'odeur d'un chien et fait le bruit d'un chien, alors c'est un chien. S'il miaule, ce n'est pas un chien.

La science mathématique est en ce sens la création la plus aboutie d'un langage rationnel.

La raison va traiter les informations de manière logique ou encore par des évaluations de type avantages versus inconvénients. Pour opérer un choix, prendre une décision, se positionner, notre raison va se baser sur des critères objectifs factuels et non plus sur de la perception personnelle. La raison va s'accrocher à des notions démontrées ou prouvées.

09.3 Ma raison me permet de construire des scénarios logiques et ainsi de réaliser des plans d'actions en fonction de l'évaluation d'une situation

Le processus raison se nourrit du processus émotionnel. Il l'utilise comme information de base incluant un ressenti de satisfaction ou insatisfaction par rapport au résultat de l'action. En fonction, il va élaborer des hypothèses ou stratégies qui pourront devenir des expériences futures, dont la conclusion semble plus profitable. Je vais désirer renouveler, et même amplifier une action satisfaisante et éliminer ou réduire les effets d'une action insatisfaisante.

Ici la question de la satisfaction est primordiale. Si, par exemple, je désire changer de profession, il se peut que cela me demande beaucoup d'efforts et de sacrifices à court terme. Si dans le même temps, je dispose de la possibilité de vivre au quotidien des expériences me permettant des **shoots** dopaminergiques, il est possible que j'opte plus souvent pour occuper mes soirées à regarder Netflix plutôt qu'activer les leviers de ma reconversion.

Las de ne pas avancer et de ressentir un sentiment d'inachevé, je vais pouvoir envisager d'autres options pour ne pas rester coincé dans mon piège. Ainsi, je peux m'organiser pour vivre des expériences télévisuelles qui ne me donnent pas satisfaction. Ou encore je peux mettre en place des expériences me réconciliant avec l'effort et avec le goût du développement de compétences.

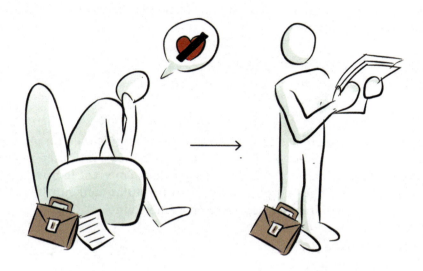

C'est donc à partir de la raison que nous allons imaginer des plans d'action.

Grâce à l'analyse, au bilan que l'on dresse de nos expériences passées, et en fonction de notre niveau de satisfaction, nous allons décider de notre souhait d'expériences à venir. Tous nos choix s'opéreront dans une logique d'évitement de la souffrance ou de la difficulté et dans un schéma évolutif, sous forme de boucle, visant une réponse plus satisfaisante.

Sans raison, nous ne pourrions pas faire preuve d'imagination et d'innovation. C'est bien dans cette zone que nous allons être capable de générer des solutions nouvelles.

Il serait erroné de croire que la liberté consiste à laisser libre cours à l'expression de nos émotions. Comme nous l'avons vu le processus émotionnel est essentiellement de nature automatique.

La vraie liberté se trouve bien là, dans notre raison. Celle qui nous aide à créer des scénarios, à dépasser nos premières impressions, nos conditionnements.

Comme nous l'avons vu, notre état émotionnel résulte de nombreuses expériences qui nous sont le plus souvent extérieures. Les seules expériences qui nous sont propres sont celles qui vont être mises en œuvre à partir de notre raison.

Notre raison est l'unique façon volontaire et consciente d'inscrire de nouveaux schèmes personnels sur notre tabula. Elle constitue notre seul espace de libre arbitre.

« Sibi servire gravissima servitus est » :
« Être asservi à soi-même est le plus pénible des esclavages. »[40]

- Sénèque

Être libre ne consiste pas en le fait d'agir sous l'impulsion d'un phénomène inconscient. Être libre c'est avoir la possibilité d'imaginer toutes les alternatives possibles, de choisir celle qui nous convient le mieux et de la mettre en œuvre dans l'espoir d'obtenir un résultat meilleur. Résultat qui, positif ou négatif, ira enrichir notre état émotionnel.

> **Je me sers de ma raison car elle me fait évoluer.**

Dès lors, la raison seule ne pourrait-elle pas me suffire ?

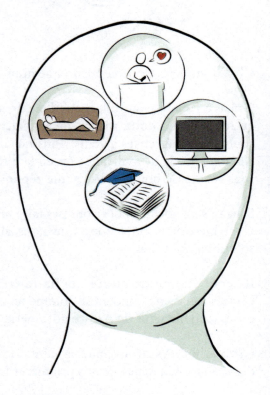

---

[40] SENEQUE, *La vie heureuse - La brièveté de la vie,* Paris, Poche 2005

09.4 Les limites de ma raison

Le phénomène cognitif raison est totalement différent du système émotionnel en ce sens que le processus rationnel n'est pas immédiat. Mon raisonnement est toujours différé et peut s'étaler dans le temps, ce qui n'est pas adapté à toutes les situations.

Notre cerveau limbique, cœur du système émotionnel, est beaucoup plus rapide à procéder que le néocortex du système raison. Il prend ses décisions en 230 millisecondes. Cela explique d'ailleurs que je sais parfois dans mon corps avant de savoir dans ma tête.

Ma raison est sélective et n'a pas la capacité de tout traiter. Notre cerveau opère environ 35 000 décisions par jour mais nous n'avons conscience que de 0,26% d'entre elles (soit 99,74% de nos décisions prises par notre cerveau sans même que nous en ayons conscience).

Que pouvons-nous en conclure ?

Nous avons abordé le fait que les informations visuelles étaient uniques mais que notre cerveau pouvait créer des représentations.

Or, notre cerveau baigne dans un énorme flux d'informations et son système de représentation ne peut pas tout traiter.

Avec la raison seule, il n'est pas facile d'avoir une lecture simple et personnelle de notre complexité.

La conscience de moi-même n'est qu'une toute petite partie du cerveau qui se prend pour le tout.

Il y a pourtant une grosse partie qui nous échappe.
Comme le cerveau consomme 20% de nos réserves énergétiques, il va essayer d'automatiser un certain nombre de choses pour ne pas utiliser trop d'énergie. Hormis s'il y trouve un intérêt.

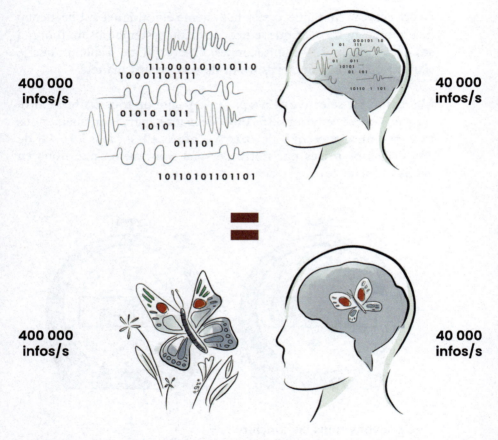

Les automatismes sont à la fois des automatismes de survie mais aussi des automatismes comme la conduite ou d'autres apprentissages plus intuitifs qui deviennent automatiques. Cependant, le risque de l'automatisme... c'est le biais !

« Le cœur a ses raisons que la raison ignore. »   - Pascal

Je sais que ma raison a ses limites et qu'elle ne pourra pas me suffire.

10

ET SI J'ÉTAIS **ÉMOTION** ET **RAISON** ?

Depuis la nuit des temps, nous assistons à une magnification de la raison. **Descartes** avait instauré une coupure nette entre l'écoute du corps et de l'esprit. Le siècle des lumières était le siècle des raisons. Comme si la raison était l'éclairage ultime.

10.1 Critique de la primauté entre raison et émotions

Dans l'esprit commun, nous opposons trop systématiquement raison et émotion.

De manière illégitime, la raison est perçue comme l'organe suprême, sophistiqué, capable de traiter la complexité, alors que l'émotion serait le mode basique ou primaire.

Grand représentant du romantisme allemand, **Goethe** va résumer 2000 ans de Philosophie dans sa pièce *Faust*. Sans aucune validation de la science, et en quelques phrases, il va balayer toutes les croyances précédentes. Il va passer du « *au commencement était le verbe* » au « *au commencement était l'action* ». Il nous conduit du règne platonicien de la raison (logos) à sa vérité qui donne primauté à l'action, et donc à l'émotion.

« Au commencement était le verbe ! Ici je m'arrête déjà ! Qui me soutiendra plus loin ? Il m'est impossible d'estimer assez ce mot, le verbe ! Il faut que je le traduise autrement, si l'esprit daigne m'éclairer. Il est écrit : Au commencement était l'esprit. Réfléchissons bien sur cette première ligne et que la plume ne se hâte pas trop ! Est-ce bien l'esprit qui crée et conserve tout ? il devrait y avoir : au commencement était la force ! Cependant, tout en écrivant ceci quelque chose me dit que je ne dois pas m'arrêter à ce sens. L'esprit m'éclaire enfin ! L'inspiration descend sur moi et j'écris consolé : au commencement était l'action ! »

- Goethe

Ma raison n'a pas plus de valeur que mon émotion.

Mes émotions sont les moteurs immédiats de mon action.

10.2 Le principe de refoulement des émotions

Pendant longtemps, restées à l'écart de l'école, de l'entreprise, ou même de la communication familiale, les émotions dérangent, elles sont vues comme non nécessaires voire improductives. Pourtant l'affect a tout son sens dans le développement de compétences comme au bureau. Les émotions sont trop souvent reléguées au rang de tabou. Le syndrome qui pèse en société, en particulier en entreprise, est celui de l'évitement ou la peur d'agir de manière inappropriée.

Si traditionnellement ou culturellement nous ne sommes pas très ouverts sur le sujet, mieux comprendre nos émotions est un réel accélérateur de bien-être et de performance.

En effet, tenter de bloquer l'expression d'une émotion revient à bloquer l'énergie qui lui est associée.

Refouler ou inhiber une émotion ne permet en aucun cas de la faire disparaitre. Mettre un voile sur l'émotion ne revient pas à l'annihiler mais simplement à étouffer les signes extérieurs de l'émotion. L'émotion demeure présente quoi qu'il arrive.

Lutter contre l'émotion, ne pas lui donner de place, chercher à s'autoréguler est contre-productif.

Lorsque j'expérimente une émotion, je réagis immédiatement à cette émotion et montre des signes extérieurs, disons pour l'exemple que je pleure.

Si le milieu dans lequel je me trouve répond négativement à mes pleurnicheries, je vais expérimenter une sensation désagréable, et modifier mon comportement pour étouffer mes pleurs.

Je vis alors l'insatisfaction associée à l'étouffement de mon émotion. Le tout engendrant un stress. Ce stress correspond au fait que je n'ai pas évacué l'énergie associée à l'émotion initiale.

Alors que pleurer aurait été salutaire pour me libérer, je dois imaginer un scénario différent et le mettre en œuvre. Ce qui peut s'avérer difficile si je me trouve dans l'inconfort par rapport à mon environnement, ou si mon nouvel état émotionnel inhibe à son tour la manifestation de ce scénario de substitution.

De plus, la libération de cette énergie refoulée peut donner lieu à une violence contre mon milieu ou mon propre corps.

Pour pouvoir sortir de l'inhibition, je dois exprimer plus authentiquement mes émotions dès le départ ou travailler sur mes inhibitions, en inscrivant un nouveau schéma dans mon état émotionnel.

Evidemment, à tout moment de l'expérience, le système peut s'autoalimenter ou se bloquer.

Tant qu'une solution n'est pas trouvée le mal-être de l'étouffement va perdurer.

Tant que je n'ai pas trouvé un scénario me permettant de vivre ce qui s'exprime en moi, je continue de bloquer des réponses physiologiques naturelles et je souffre de stress important.

Si je fais face de nombreuses fois aux mêmes types de situations dans lesquelles je n'ai pas trouvé de solutions pour exprimer avec justesse mes émotions, si je repars systématiquement de ces situations avec des émotions refoulées : peur, frustration, tristesse, je stocke l'énergie liée à l'émotion. Je la garde présente en moi, latente, sans l'utiliser pour agir.

Peut-être ai-je essayé de gérer cette situation par différentes voies et que cela s'est toujours soldé par une impression désagréable. Il se peut alors que je ne trouve plus la ressource pour imaginer de nouveaux scénarios. Là aussi je garderai l'énergie de l'émotion en moi.

Dès lors, si je cumule trop d'énergie interne, sans savoir qu'en faire, sans savoir comment l'utiliser en interaction avec mon environnement, je peux me retrouver avec le sentiment de trop plein ou de vide. Comme si je perdais de mon élan vital.

L'émotion est toujours là, l'énergie qui lui est liée aussi. Faute de pouvoir être actionnée elle va constituer une charge. Comme si elle prenait de la place en arrière-plan dans notre disque dur interne.

> **Je sais que les émotions font partie de moi, et que vouloir les retenir parce que je crois qu'elles sont inappropriées à certaines situations est générateur de stress.**
>
> **Je sais que ce stress consomme mon élan vital et devra être évacué d'une façon ou d'une autre par une expression de substitution. Mes émotions s'exprimeront toujours quoi qu'il arrive.**

10.3 Connexion entre émotion et raison

Antonio Rosa Damasio, professeur émérite en neurosciences et psychologie confirme que la perception des émotions est indissociable de la régulation biologique. En effet, notre faculté de raisonnement dépend de systèmes neuronaux, alimentés par notre perception des émotions.

Nous retrouvons l'existence d'un **fil** reliant le plan anatomique et le plan fonctionnel émotionnel. Damasio valide par la science des propos millénaires tenus par les cultures orientales. Si tant est que nous ayons besoin de nous réapproprier la notion d'humain comme un tout, il apporte la preuve scientifique que notre capacité de raisonnement, notre **tête**, est reliée à la perception de nos émotions, notre **cœur**, le tout connecté à notre corps.

Comme si la passion, pulsion émanant des profondeurs de notre cerveau, venait communiquer avec les autres couches de notre système nerveux et fondait la raison, par un processus d'acquisition progressive.

Son approche physiologique permet de réconcilier le processus physique, quasi animal, et le processus intellectuel, tout en montrant leurs limites respectives. « *Si vous n'avez pas l'incitation de la pulsion, vous n'acquerrez jamais la maîtrise de l'art. Mais si vous possédez cette pulsion, cela ne garantit pas automatiquement que vous deviendrez un maître.* »[41]

---

[41] A. R. DAMASIO, *L'erreur de Descartes*, Odile Jacob, 2001. [Traduction : M. Blanc].

10.4 Les limites de chaque système

Le système que nous vous avons détaillé constitue la base de notre comportement. Chaque sous-ensemble, rationnel et émotionnel, est à la fois indispensable et faillible.

Au risque de décevoir, aucun des sous-systèmes n'est parfait.

La méthode émotionnelle n'est pas parfaite car elle se nourrit de l'observation. Elle fonctionne en mode inductif, à savoir : elle permet d'accumuler des informations sur un sujet (via des motifs). À partir de ces informations, elle généralise à partir de ce sujet, comme s'il s'agissait de statistique.

Exemple : je vois un chien méchant, un autre chien méchant, puis un autre chien méchant, j'en conclus qu'un chien doit être méchant.

Mon cerveau émotionnel va rassembler des données qui serviront à renforcer, atténuer mes motifs existants et si besoin en créer de nouveaux.

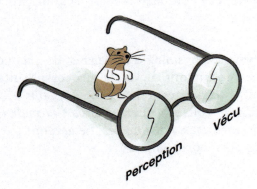

En ce sens, rien n'est vérité absolue puisque basé sur la perception subjective et le vécu. L'approche inductive, qui est celle de l'expérience, peut être erronée. C'est ce que nous explique **Bertrand Russell**, logicien et philosophe britannique, au travers du contre-exemple de la dinde en 1912.

Il illustre l'histoire d'une dinde, qui, en bonne inductiviste, va considérer, après plusieurs occurrences de nourriture reçue à neuf heures du matin, qu'elle sera toujours nourrie de la sorte. Cette même dinde, après avoir recueilli des observations dans différents contextes de jours, de météo, aura conclu définitivement que l'heure du repas quotidien était inéluctable : « *je suis toujours nourrie à 9 heures du matin* ». Malheureusement pour elle, cette approche n'était pas celle de ses propriétaires fermiers. La logique de la dinde se trouva faussée un matin, veille de Noël, lorsqu'au lieu de recevoir son grain, elle eut le cou tranché !

Ainsi, se baser uniquement sur notre système émotionnel peut nous conduire à émettre de fausses conclusions.

Cela explique d'ailleurs pourquoi nous nous sentons parfois prisonniers de nos croyances : celles inscrites sur notre tabula, celles qui nous font avancer ou nous bloquent.

Bonne nouvelle ! Nous ne sommes pas des êtres figés et nos croyances peuvent toujours évoluer ! Nous allons voir comment.

La méthode rationnelle fonctionne comme les mathématiques, de manière déductive et logique.

Elle ne peut pas être autonome car elle doit se nourrir des observations provenant du système émotionnel. Pour déduire, il faut partir d'un point de départ solide. Il faut donc que je suppose que quelque chose soit vrai pour en déduire que d'autres choses sont vraies. Les données de départ doivent donc être des évidences.

La méthode rationnelle prend comme vérité les éléments les plus saillants, les plus communément admis, et elle en tire des conclusions. Sa limite réside alors dans la véracité du point de départ, avec pour conséquence une base instable.

C'est le problème de la pleine validité de nos constats, jugés comme universels. Nous rencontrons cette limite dans tout raisonnement déductif.

Le langage utilisé par la raison est également source d'incompréhension. En effet, pour qu'il soit parfait, il faudrait que chaque terme ait une définition, univoque et universelle. Ce qui n'est le cas que dans le langage mathématique, d'où l'effet « *lost in translation* ».

À aucun moment, les sous-systèmes ne peuvent faire aboutir à une vérité absolue.
Le système rationnel est une sophistication du système émotionnel.

Tous les deux ont le même objectif.

L'objectif du système émotionnel est l'action.

Comment (sur)vivre dans un environnement en m'y développant et en y prenant du plaisir ? Quelle est l'action la plus performante, celle qui me permet de tirer le meilleur parti de la situation à laquelle je suis confronté, compte-tenu de toutes mes expériences précédentes ?

Le système émotionnel parvient à cette performance en multipliant les expériences pour obtenir un schème équivalent au signal du « au mieux », avec lequel il va fonctionner en boucle.

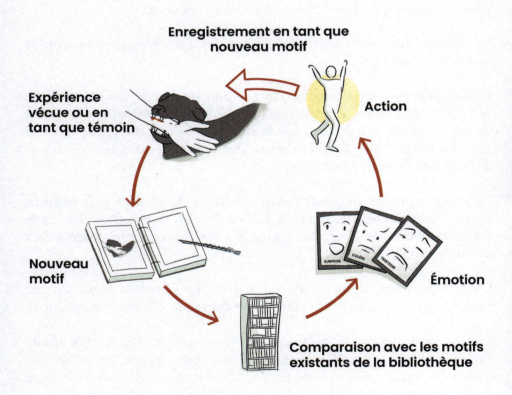

Dès que je suis satisfait d'une expérience, je cherche à la répéter.

Le système rationnel existe pour imaginer un perfectionnement de cette action ou une action substitutive plus performante. C'est ce que nous retrouvons dans les entreprises via les démarches d'optimisation ou d'amélioration continue.

Le système rationnel nous permet d'envisager des comportements alternatifs à partir d'une même situation. Il tient cela de sa capacité à conscientiser et à identifier notre tendance à repartir dans des boucles qui ne nous conviennent pas complètement. Ainsi, il va permettre de remettre en cause les schèmes de fonctionnement existants.

Simplement, l'efficacité de son traitement ne sera possible qu'à la condition de mettre en œuvre une expérience revisitant le schème émotionnel de base.

Chaque système a pour but d'améliorer la performance de l'expérience (à nous rendre plus satisfait) : l'un de manière inductive, l'autre de manière itérative déductive. Chaque système a aussi sa limite.

Si l'objectif de chaque système est de tendre à l'action parfaite, elle se transforme en quête impossible. Comme la recherche du bonheur ultime et permanent, l'action idéale, valable en tout temps, n'existe pas.

Elle reviendrait à croire que l'un est possible, et que notre écosystème est inerte et permanent.

À trop chercher la perfection, en nous fixant un idéal inatteignable, nous risquons de nous mettre en faillite, ou de faire éclater notre société, notre environnement.

Tout système poussé à sa limite et visant un idéal absolu risque l'explosion ou la désintégration.

Miser sur la recherche de perfection, impossible à atteindre, revient à générer le contraire du résultat escompté. C'est ainsi que l'on peut rencontrer des sportifs ou des artistes, qui après avoir atteint des sommets dans leur art, s'en désintéressent complètement.

Le rationnel poussé à l'extrême est autodestructif. Vouloir à tout prix nettoyer toutes nos croyances erronées et limitantes est une course vaine. Si nous laissons la raison aller trop loin, si nous sur-mentalisons nos vies, si nous croyons que nous avons un pouvoir sur tout, nous alimentons, sans le vouloir, une logique mortelle, contre nature.

La raison a besoin d'éléments parfaits pour fonctionner, elle doit tout simplifier en mode « *noir ou blanc* », « *vrai ou faux* ». Or ce mode tranché n'existe pas dans la nature.

Pour simplifier, notre raison va utiliser le procédé d'abstraction ou « *Ab-straction* » : à savoir elle va devoir enlever quelque chose, appauvrir, enlever à la réalité, la traction et donc l'action.

A un moment donné, elle risque de tellement appauvrir, tellement simplifier que nous perdons notre objectif, voire nous le détruisons. C'est ce qui se passe quand nous sommes dans un besoin irrépressible de maitrise ou dans le surcontrôle permanent.

Nous ne pouvons pas fonctionner dans l'excès quel qu'il soit. L'hyper-rationalisation ou l'hyper-émotionnalisation vont inéluctablement nous attirer vers du moins.

Il n'y a pas plus de liberté dans une croyance aveugle que dans la réduction à un idéal ultime.

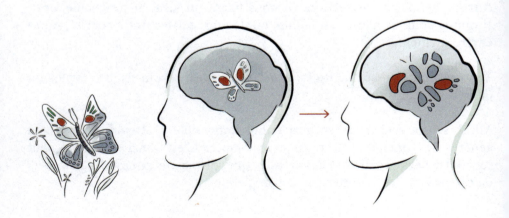

Plotin constate cette limitation de la rationalité « *ce qui apparait réel à la conscience est ce qui a le moins d'existence* ».

L'humain n'est pas parfait, il est inachevé.

Il est tout à fait normal de ne pas arriver à une vérité absolue. Le nirvana n'existe pas !

Il n'y a pas de bien, de mal, de grand, de petit, l'un n'est pas plus sophistiqué que l'autre.

Ce qui importe est de savoir que les deux systèmes existent de manière équilibrée et ouverte, d'accepter qu'ils fonctionnent en synergie, et de connaitre leurs limites.

10.5 Émotion, action, raison, imaginaire et réel : un tout indissociable

Vouloir se placer dans une boucle d'amélioration revient à tirer le plein potentiel de notre intelligence rationnelle et de notre intelligence émotionnelle.

Que ferait la raison sans émotion ? Elle ne ferait tout simplement rien !

Aussi choquant que cela puisse paraître, aucune action ne peut être menée sans validation émotionnelle. De plus, nos émotions constituent la base de données de notre raison, et sans base de données la raison ne peut fonctionner.

Freud parlait du « *principe d'inhibition* » pour dire que le raisonnable seul ne permet pas l'action.

Au-delà d'une vue de l'esprit, l'émotion est un préambule absolument nécessaire à la vie. Si mon état émotionnel n'est pas compatible, je ne pourrai pas agir.

« *Ce sont nos besoins qui interprètent le monde, nos instincts, leur pour et leur contre.* » - Nietzche

Il n'y a jamais chez l'Homme de pensée sans émotion. Dès qu'une pensée est formulée par un individu, son résultat ou sa représentation est systématiquement comparée aux empreintes et valeurs dominantes de ce même individu. Elle servira à produire un jugement, associé à une émotion positive ou négative.

Cela explique, dans le cas où la pensée est mémorisation, qu'un jeune enfant ait besoin d'expériences génératrices d'émotions pour ancrer l'apprentissage.

Le mindmapping, développé par le britannique **Tony Buzan**[42], en est l'exemple éloquent. Ces cartographies ou cartes heuristiques, faites de motifs et de couleurs appelant l'émotion, consistent en une reformulation, non linéaire de la pensée.

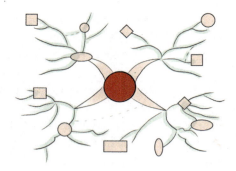

Leur format multidimensionnel s'adapte beaucoup mieux au fonctionnement du cerveau. Ces cartes sont de redoutables outils, en appui de la réflexion ou pour apprendre. Elles sont beaucoup plus efficaces que les notes traditionnelles linéaires que nous pouvons prendre en noir et blanc.

Les indicateurs, dessins, pictogrammes qui apparaissent sont générateurs d'émotion et facilitent l'accès à notre bibliothèque de mémoires. Ils sont la porte d'entrée vers l'action.

Quelque part le mindmapping permet d'agir, de malaxer la matière, de se l'approprier pour l'intégrer. C'est ce qui fait son efficacité. En effet, nous ne pouvons pas mentaliser complètement ce avec quoi nous n'avons pas interagi.

Certes nous pouvons avoir des images mentales de choses qui n'existent pas. Mais ce sont des compositions d'éléments avec lesquels nous avons préalablement été en contact. La licorne est une jolie illustration de ce phénomène. Si l'on a déjà rencontré une corne et un cheval, nous pouvons imaginer la licorne sans l'avoir rencontrée.

[42] T. BUZAN, *Développez votre intelligence avec le Mind Mapping*, Paris, ALISION ; Illustarded édition, 2018

Si parfois nous nous plaisons à croire que nous allons prendre une décision rationnelle en fonction de ratios bénéfices/risques soigneusement formalisés, nous nous rendons vite compte que la réalité est toute autre.

Quelle que soit l'issue du calcul, l'émotion va l'emporter !

Vous est-il déjà arrivé de peser le pour et le contre d'une situation et de constater que la décision était déjà prise au fond de vous, et ce sans respecter la matrice ?

C'est l'action ou plutôt l'inter-action qui crée notre réalité. Autrement dit, il n'y a pas de réalité sans action.

Le **Marquis de Sade** allait plus loin. Nul bonheur de vie ne peut être sans action.
« *Le bonheur n'est que dans ce qui agite, et il n'y a que le crime qui agite : la vertu, qui n'est qu'un état d'inaction et de repos, ne peut jamais conduire au bonheur.* »

Souvenons-nous, le mot émotion contient la motion. Aristote considérait le mouvement comme essentiel pour donner vie à « l'idée de l'âme ».

Éthologue avant l'heure, **Aristote** s'est beaucoup intéressé aux comportements des Hommes et des animaux. Il attribuait une âme à tous les êtres vivants. Pour **Aristote**, le principe moteur des êtres vivants réside dans l'« *anima* » (qui donnera « animé », « animation » ou encore « *animal* ») ; qui réside dans le mouvement, lui-même lié à l'émotion.

La connexion directe est faite entre émotion, motion, et réalité.

En l'exprimant différemment nous pouvons dire que ce sont nos émotions qui créent notre réel.

Ce phénomène est particulièrement évident dans l'art où l'esprit n'est qu'un créateur de deuxième niveau. Il ne peut créer que sur les bases de ce que l'émotion a préalablement suscité.

L'émotion éclaire le réel et le révèle à l'esprit. Le réel va ensuite servir de donnée à la raison qui pourra composer un imaginaire avec.

Le réel devient le fruit de l'émotion, l'imaginaire le fruit de la raison.

Il y a des réels dont aucun n'a de vérité. C'est à nouveau la raison qui va œuvrer à créer ou détruire certains réels, par son imaginaire.

Notre imaginaire, dès qu'il est mis en mouvement, va créer une nouvelle réalité et détruire l'ancienne. C'est toute l'idée du siècle des lumières et de la science.

Non seulement nous créons notre vision des choses mais nous pouvons aussi la faire évoluer par de nouveaux éclairages, de nouvelles expériences.

Étant maîtres de notre réalité, nous jouissons d'une très grande liberté.

Plus que toute autre chose, notre liberté réside dans notre capacité autonome à faire varier notre réalité, à changer.

En effet, si l'action est le propre de l'émotion, la liberté est bien le fait de notre raison.

Ma raison prend conscience de ma réponse émotionnelle.

Ma raison est capable d'évaluer son efficacité et de me proposer de nouveaux scénarios d'expériences.

Je peux exercer mon libre arbitre en choisissant de mettre en œuvre un nouveau plan d'expériences pour vivre mieux.

10.6 Blocage émotionnel du plan d'action : inhibition

Le blocage émotionnel dont nous parlons est aussi appelé inhibition. Il relève d'une absence de validation émotionnelle qui explique nombreuses de nos inactions ou procrastinations.

Le cortex peut avoir l'idée d'une action mais ne peut pas l'activer. Le cerveau limbique joue un rôle de validation et d'activation de l'action idéalisée.

En effet, toute hypothèse rationnelle, pour se transformer en action, doit être admise émotionnellement. Comme nous l'avons vu, seule l'émotion peut déclencher la motion.

Nous sommes maintenant en mesure de résoudre l'énigme comportementale de **Paul de Tarse** :

« Je ne fais pas le bien que je veux, et je fais le mal que je ne veux pas. »

Le bien que je veux : comme je veux, je dispose d'un plan d'action (imaginé par ma raison).

Je ne fais pas : Inhibition, je suis bloqué (effet de ma boucle émotionnelle).

Je fais le mal : Action, j'agis tout de même (en fonction de ma boucle émotionnelle).

Que je ne veux pas : je ne fais pas ce qui était prévu dans le plan initial (impuissance de ma raison face au blocage de mes émotions).

Nous avons donc un plan d'action rationnel qui n'aboutit pas, faute d'une validation émotionnelle, et une action non validée rationnellement, qui aboutit sans aucun frein.

Si nous reprenons l'exemple de **Paul de Tarse**. Ce dernier n'est pas en mesure de mettre en œuvre son plan rationnel car il est victime d'une inhibition. Il souffre d'un traumatisme qui bloque son action.

Avant sa conversion, Paul était un soldat qui persécutait les juifs. Son histoire passée, mais bien présente émotionnellement, va le conduire automatiquement a répété ce scénario violent, bien que sa nouvelle croyance le condamne.

Si notre état émotionnel peut déclencher une action, il peut tout aussi bien en inhiber une autre.

Éventuellement, c'est ce qui risque d'empêcher la réalisation effective de notre plan d'action rationnel jusqu'à sa fin.

Quelles que soient nos actions, celles-ci vont systématiquement être conditionnées par un accord émotionnel.

Vous pourriez penser que ce n'est pas si réglé et que vous faites beaucoup de choses **à contre-cœur** ou sans intégrer d'émotion.

Si c'est le cas, c'est que la contrainte émotionnelle n'est pas suffisamment forte pour générer un blocage de l'action. Ou encore cela signifie, qu'inconsciemment, vous trouvez une forme de satisfaction attachée à cette action, aussi minime soit-elle.

Prenons pour exemple un geste des plus basiques : un mouvement de bras. Vous pensez que pour lever le bras il suffit d'avoir l'idée et la volonté de déclencher l'action ?

Il n'en est rien.
Il peut arriver que le simple fait de lever la main devienne mission impossible si désaccord émotionnel il y a.

Si culturellement ou socialement, un sens négatif est associé au levé de main (ex : salut hitlérien, doigt d'honneur, etc...) alors je ne lèverais ma main que si rien ne s'y oppose dans ma tabula. Il me sera proprement impossible de réaliser ce geste s'il est validé comme parfaitement inadéquat à la situation.

Une personne de confession juive ne lèvera pas la main de manière droite et en hauteur si son état émotionnel associe ce geste à un lever de bras nazi.

Tout comme vous ne galoperez probablement pas nu dans les couloirs de l'entreprise que vous quittez le jour de votre démission. Si notre raison l'a imaginé plusieurs fois, notre émotion ne l'a jamais autorisé...

Cette idée est valable pour des inhibitions socio-culturelles mais aussi pour des choses de la vie quotidienne ou pour des projets plus engageants.

Chacun à notre niveau, nous pouvons nous retrouver dans l'incapacité de faire, et ce même si nous ne comprenons pas pourquoi et que cela nous parait irrationnel : « *Je sais ce que je dois faire mais... je n'y arrive pas !* »

A cette **force, Freud** a donné le nom de **surmoi**, ou la chose au-dessus du moi qui m'empêche de faire.

Ce phénomène d'inhibition de l'action par le cerveau limbique est exactement du même type que l'inactivation de nos mouvements durant un rêve.

Notre seule manière de dépasser un blocage sera de mettre en place une ou des expériences nouvelles dont le résultat positif ou négatif, viendra modifier notre état émotionnel. Ce sont des boucles qui s'auto-alimentent.

Reprenons l'exemple cité préalablement de l'expression de la tristesse en milieu professionnel.

Souvenez-vous, les pleurs étaient mal reçus par l'environnement, cela a généré un motif « *ça ne se fait pas de pleurer au bureau* ».

Nous pouvons aisément imaginer que le refoulement de l'émotion aura imprimé un motif inhibant « *je ne dois pas pleurer, je dois étouffer mes pleurs* ». L'étouffement de l'émotion est insatisfaisant, elle engendre un stress faute d'avoir pu évacuer l'énergie de l'émotion initiale. Je vais potentiellement me retrouver freiné dans mon action au travail car mon état émotionnel est perturbé.

Si je prends conscience de ce processus, je vais pouvoir imaginer un scénario plus satisfaisant et le mettre en œuvre. Bien entendu, cela va être difficile car mon nouvel état émotionnel (en l'occurrence l'inconfort par rapport à mon environnement) va jouer le rôle inhibiteur.

Admettons que je trouve un scénario alternatif qui consisterait à **anéantir** le milieu répondant négativement à mes pleurs. Disons par exemple que je mette une claque à mon collègue qui m'a repproché de faire des « *pleurnicheries inutiles* ».

Si mon état émotionnel est conditionné de telle façon que le fait de gifler quelqu'un est une action acceptable, alors je vais le faire. Il se peut que le **milieu**, victime de l'action, disparaisse de honte, s'enfuie ou s'effondre… À la suite de quoi je ressentirais une émotion de joie liée au résultat de l'action.

J'aurais inscrit un nouveau schéma dans mon état émotionnel : si moqueries il y a de mes pleurs, je peux mettre des claques et je me sentirais mieux. Si mon bien-être est satisfaisant en l'état, je n'ai plus besoin d'imaginer d'alternative.

Evidemment, le blocage peut arriver à différents endroits du scénario. Si j'ai une inhibition sur le fait de frapper quelqu'un, alors je devrais œuvrer à la création d'une nouvelle expérience. Ce n'est manifestement pas le cas de Will Smith qui, en 2022, giflera sans retenue, Chris Rock en pleine cérémonie des oscars.

Tant que je n'ai pas atteint une configuration adéquate pour moi, tant qu'une solution n'est pas trouvée, je continuerai à vivre des blocages.

Nous avons en nous la capacité d'analyser le monde, de prendre des décisions, la possibilité d'agir ou de ne pas agir en fonction d'états excitateurs ou inhibiteurs.

Je comprends que le refus ou l'inhibition font partie du fonctionnement émotionnel de mon cerveau.

10.7 Mécanique décisionnelle

Comment deux systèmes totalement différents dans leur origine et leur fonctionnement, ma raison et mon émotion, peuvent-ils dialoguer efficacement ?

Comment passer du langage binaire de la raison au langage ondulatoire de l'émotion ?

Comment mon cortex peut-il avoir raison de mon hippocampe ?

Comment être capable d'utiliser le plein potentiel de mes ressources et faire que mon logos devienne musique ?

Nous ne pouvons pas vivre ou être 100% dans la raison ou 100% dans l'émotion.

Si je suis toujours dans l'émotionnel, je deviens animal et je me prive de la liberté apportée par ma raison.

Quoi qu'il en soit, nos modes de fonctionnement sont indissociables.

Nous l'avons vu, notre raison est impuissante à créer un changement, dans la mesure où il faut qu'elle soit transformée en émotion, par le biais d'une expérience, pour obtenir une évolution.

La raison est nécessaire mais pas suffisante.

L'émotion est nécessaire et suffisante mais n'a pas d'imagination et ne peut que se répéter à l'infini.

La raison imagine des solutions (des scénarios, des expériences), mais n'en connaîtra jamais l'efficacité car seule l'action peut changer l'état émotionnel, modifier les motifs.

L'émotion peut réguler seule les actions, mais le fera au hasard de ses expériences.

La raison est un réel ajout, toutefois elle est inopérante seule.

Mise en conjonction avec le système émotionnel, la raison peut lui permettre d'échapper aux hasards des rencontres en lui proposant des expériences alternatives conscientisées. Sans la lumière de la raison, l'émotion est aveugle.

Les connaissances ont toutes des forces diverses, elles peuvent être contradictoires et sont évolutives en fonction des nouvelles acquisitions d'expérience. Certaines expériences ont la vertu d'en contrebalancer d'autres.

Par exemple, une expérience d'autorité scientifique peut effacer des idées reçues. Une expérience personnelle peut infirmer ou délégitimer une expérience d'autorité.

L'interaction permanente entre mes émotions et ma raison est fondamentale.

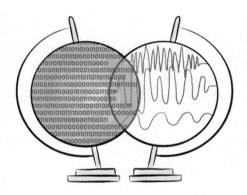

En fait, il semblerait que toute notre représentation du monde soit double. Un double qui provient directement de l'organisation de notre cerveau en deux systèmes.

Le plus ancien, le monde des sens, le cerveau limbique, est un monde ondulatoire fait de probabilités, où les choses sont mouvantes et multiples.

Le monde de la raison, le cerveau cortical, la couche plus récente du cerveau, constitue un monde logique, de certitude, de vérité, où les choses sont univoques.

Nous retrouvons l'illustration philosophique la plus ancienne de ce concept via l'allégorie de la caverne de **Platon**[44].

À l'intérieur de la caverne nous trouvons le monde des ombres, des illusions, le monde des sens. À l'extérieur, éclairé par le soleil, nous trouvons le monde des idées, des formes, le monde de la vérité. **Platon** retenait que seul le monde des idées était le monde réel. Cela a d'ailleurs conduit notre civilisation à sous-évaluer l'un et surévaluer l'autre.

En fait, l'ombre et la lumière sont deux modes de perception toujours présents dans notre vécu quotidien. Il n'existe pas de réel absolu facilement accessible à l'Homme. Il n'y a qu'une modélisation permanente effectuée par notre cerveau à partir des capteurs que sont nos sens.

Chacun, à notre façon, nous allons nous créer un modèle cohérent que nous allons considérer comme une réalité.

Or nous sommes capables de visualiser la réalité de deux façons différentes. Les deux modes sont distincts, mais complémentaires.

---

[44] *PLATON, La République, Œuvres complètes, t. VI*, Paris, Les Belles Lettres, 1970, p. LX à CXLVI.

10.8 Cerveau limbique et probabilités, cerveau cortical et logique

Nous avons notre cerveau limbique qui est le roi des probabilités. Il calcule à très grande vitesse et en permanence des probabilités de succès ou d'échec guidant nos actions, notre survie.

Dans le monde de l'émotion, chaque chose a une possibilité d'existence. La chose peut être ou ne pas être simultanément. Elle a toujours une chance de se manifester. C'est l'onde associée qui décrit la réalité de la chose vivante, par superposition de tous ses états possibles. Ce que les physiciens nomment une fonction d'onde quantique.

C'est ce qu'illustre l'expérience de pensée du chat de **Schrödinger**[45]. Un chat est enfermé dans une boite noire, qui renferme un système capable de le tuer de façon aléatoire avec une chance de réussite d'une sur deux. Une sorte de pile ou face mortel pour notre pauvre chat.

Tant que la boite est fermée, notre raison ne sait pas déterminer si le chat est mort ou vivant. Mais notre intelligence émotionnelle fait parfaitement face à l'expérience du chat mort et celle du chat vivant. Elle va réaliser l'onde chat mort et chat vivant simultanément, par superposition. C'est l'équivalent émotionnel d'un mixage musical de deux sons.

---

[45] E. SCHRÖDINGER, *Physique quantique et représentation du monde,* Le Seuil, coll. « Points-Sciences », 1992, 184 p., Poche, Traduction française de deux articles de vulgarisation :
- La situation actuelle en mécanique quantique (1935), article dans lequel apparaît le célèbre « chat de Schrödinger » pour la première fois.
- Science et humanisme - La physique de notre temps (1951).

Là où notre intelligence émotionnelle va avoir une représentation immédiate, notre raison devra avoir recours à un arsenal mathématique complexe pour identifier cette onde. Finalement, elle devra attendre l'ouverture de la porte pour constater la réalité d'un chat mort ou la réalité d'un chat vivant.

Le cerveau cortical ne voit pas les probabilités. À l'image de l'expérience, il voit s'il y a un chat mort ou un chat vivant. C'est la base de son raisonnement logique. Une chose est ou n'est pas. C'est le principe de base de la logique par exclusion : un état exclut l'autre, c'est 0 ou 1.

La réalité de la superposition chat mort, chat vivant, ne lui est accessible que par l'abstraction du calcul mathématique. C'est ce que réussit Schrödinger avec la mise en équation mathématique d'une fonction d'onde (un des concepts fondamentaux de la mécanique quantique).

Si le chat de **Schrödinger** est sous mes yeux, je sais s'il est vivant ou mort. Mon cerveau cortical sait, raisonnablement, que le chat est ou n'est pas mort.

Si je l'enferme dans une boîte noire, statistiquement le chat peut être mort et vivant, je ne connais pas son état mais la probabilité de son état. Seule mon intelligence émotionnelle, grâce à son fonctionnement ondulatoire, connait la chose chat qui superpose ses deux états : mort et vivant.

Aristote, comme souvent, est le premier à s'interroger sur la validité de la logique qu'il a lui-même codifiée (vrai ou faux). Il découvre un énoncé qui va lui poser un problème insoluble : « *une bataille navale n'aura pas lieu demain* ». En effet, tout comme le chat de Schrödinger, cet énoncé peut être vrai ou faux, et nous ne saurons qu'en ouvrant la boite de demain ce qu'il en est.

Il faudra attendre l'époque moderne pour que la logique commence à donner une réponse à ce paradoxe, c'est l'apparition de la logique modale ou logique des mondes possibles. Sans entrer dans trop de détails, cette logique introduit la notion de vrai dans un monde possible. Il y a un monde possible où la bataille navale a lieu et un monde possible où la bataille n'a pas lieu.

Cela vous rappelle-t-il quelque chose ? Eh bien oui, les mondes possibles de **Leibniz** et surtout le multivers.

Et c'est bien le concept de multivers qu'Everett proposera pour tenter de résoudre le problème de la superposition des états quantiques.

Si nous nous souvenons que notre réel n'est que la modélisation de notre cerveau, nous vérifions que notre réalité peut être appréhendée de façon très différente. Une réalité statistique grâce à notre cerveau émotionnel et une réalité factuelle grâce à notre cerveau rationnel. Ces deux réalités peuvent coexister ou s'annuler. La réalité physique de la lumière en est une illustration magnifique. Elle peut coexister sous forme d'onde et de particule. Mais dès que j'identifie la présence d'une particule, la réalité ondulatoire disparaît.

La logique des mondes possibles nous offre également une intuition sur la force du *tout ce qui peut arriver arrive*.

10.9 Synergie limbique et néocortex

Ainsi, notre dualité est nécessaire pour nous permettre de ne pas rester dans une approche figée de nous-mêmes, du monde et des choses.

Notre dualité nous permet d'avoir une **compréhension** de la réalité, de la faire évoluer et de construire des scénarios.

Émotions et esprit sont dissociés mais interdépendants.

Nous disposons d'un système complexe et évolutif qui ne peut fonctionner que s'il est mis en synergie.

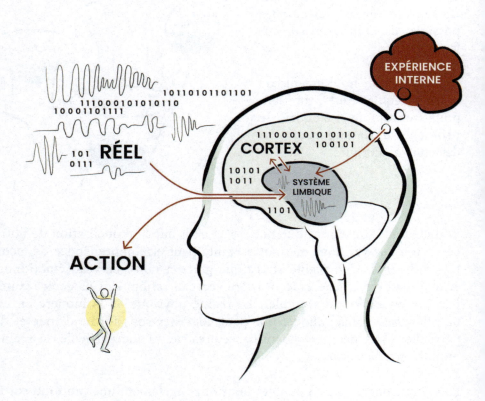

Comme nous l'avons vu, en sciences cognitives le réel n'existe pas. Tout ce qui nous entoure n'est que représentation faite par notre cerveau.

Toutes les décisions, sans exception, des plus banales aux plus stratégiques, dépendent de cette perception. Elles dépendent de la valeur que l'on attribue aux choses, en fonction de notre vécu et de ce qu'elles peuvent nous apporter ou nous retirer.

Notre raison génère et manipule des objets via la construction d'un plan d'expériences ou plan d'action. Nous pouvons parler de plan d'expériences empiriques actives.

Une nouvelle expérience va faire évoluer notre état émotionnel, qui va modifier les motifs émotionnels, qui vont alimenter la base représentationnelle de notre conscience, qui va s'enrichir de nouveaux signes, et permettre à la raison de générer de nouvelles idées.

Avec le système émotionnel, ma musique se composera au hasard de mes expériences. Comme les formes de vie les plus simples, elle va essentiellement être déterminée.

Ma raison va à la fois s'alimenter à la source des expériences mémorisées et à la fois réorganiser, logiquement, ces expériences pour en créer de nouvelles. La raison va alors introduire une variation musicale, une richesse à ma vie.

Si le système émotionnel accepte cette proposition sans inhibition (de connaissances ou expériences passées), la nouvelle expérience va être réalisée et ses conséquences vont s'ajouter à mon bagage émotionnel. La boucle est bouclée.

Nous voyons donc que le système est totalement interactif et dynamique. Il s'auto-enrichit en permanence.

Notre comportement en est le résultat, ce qui fait que nous sommes un peu différents après chaque expérience, sensation, émotion, action, gratification.

La raison peut utiliser cette nouvelle information pour confirmer ou infirmer ces hypothèses et en proposer de nouvelles.

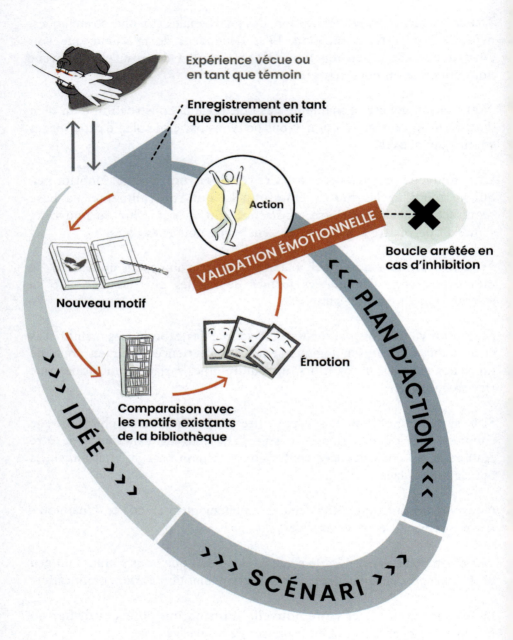

Nous ne pourrons espérer un changement que si nous marions les dimensions : affective, cognitive et comportementale.

J'accepte la vie qui progresse en moi, à la fois riche, complexe et fluide.

En reconnaissant les batailles qui me troublent je peux avancer avec un plus bel élan, une plus belle unité.

RENAISSANCE
ACTIVE

Intégrer le poids des émotions dans la prise de décision, pour avoir des relations intelligentes.
Comprendre que les émotions ne s'arrêtent pas aux portes du bureau, que la raison est source de liberté et de créativité.
Voici des clés de réflexion, qui, si elles nous bousculent, ont vocation à nous aider à mieux vivre.

11.1 Je veux doser entre émotion et raison, pour trouver la bonne harmonie

Et si nous naviguions plus naturellement entre toutes nos ressources et les utilisions de manière plus harmonieuse ?

Et si nous évitions de donner de grands coups de volant ou d'agir de manière standardisée, sans prendre en compte une forme de congruence qui est propre à chacun ?

- Apprendre à composer naturellement avec tout ce que l'on est, toutes nos ressources,

- Les utiliser harmonieusement, sans donner de grands coups de volant,

- Réconcilier les mondes pour en tirer la vie la plus riche possible,

- Être capable de prendre l'ascenseur entre nos différents pôles
Ça se pratique, ça se travaille, ça se réveille !

Nous avons évoqué des risques d'hyper-émotionnalisation ou d'hyper-rationalisation.

Il n'est pas aisé ou possible d'avoir prise sur tout. Nous avons toutefois la main sur l'élaboration de scénarios. Nous pouvons canaliser à minima nos émotions pour laisser la raison s'exprimer ou encore ne pas nous laisser déborder par nos pensées et revenir à une plus grande conscience de nos émotions.

La pratique de la méditation facilite le travail de disponibilité entre émotions et raison, elle favorise un meilleur dosage.

Bien sûr, tout cet édifice ne sert qu'à une seule chose, trouver l'action la plus efficace, c'est-à-dire celle qui va me permettre d'être le mieux adapté à mon environnement, d'être le plus présent à mon réel.

Je veux vivre en harmonie, faire en sorte que tout mon être soit en résonance avec son environnement.
Je veux que ma musique soit belle.

Nous retrouvons l'essence de l'idéal grec qui était d'atteindre « *harmonia tou kosmou* » (harmonie du cosmos ou musique du monde).

Il ne s'agit pas de suivre tous nos désirs jusqu'à épuisement mais de parvenir à un équilibre entre les forces en présence.

Le seul vecteur qui regroupe les différents mondes en interne (raison/émotion) et qui puisse faire le lien avec notre environnement externe, c'est l'expérience.

Je veux bouger, agir, essayer, vivre !

Notre raison permet de choisir le but que nous voulons atteindre, elle nous aide à définir la direction à suivre pour obtenir satisfaction. Elle nous aide à prendre des décisions et structure mentalement notre action.

Notre système émotionnel évalue la satisfaction générée et fournit l'énergie nécessaire à l'action dont la réalisation apportera du plaisir ou, à défaut, évitera du déplaisir.

L'expérience fait le lien. Elle permet la passerelle entre la réalité physique, la raison, logos/verbe et les émotions/psyché.

11.2 Je veux dépasser mes automatismes et conditionnements

> **Je veux me réinventer et redevenir créateur.**

Nous pouvons opérer ce que **Nietzche** appelait la « *métamorphose de l'esprit* », ce que nous appelons nous : le principe de **Renaissance active.**

Nous avons appris qu'il ne tient qu'à nous de retrouver une tabula rasa et d'y écrire de nouvelles règles.

Certes, il nous faut déployer la force du lion pour effacer des préjugés millénaires. Certes, il nous faut l'imagination de l'enfant pour créer les expériences nouvelles, qui vont transformer notre état émotionnel.

N'est-ce pas finalement la tension nécessaire qui nous permettra d'être libre de **devenir qui nous sommes** ? Une musique en harmonie avec l'univers.

Le fin psychologue qu'était **Nietzche** n'acceptait pas d'enfermer l'Homme dans une morale ou une position universelle. L'Homme est trop imparfait, trop humain. Il va donc s'attacher à déconstruire ce modèle, cette morale, et proposer le dépassement de l'Homme.

Pour **Nietzche**, l'Homme est un chameau, surchargé de préjugés, de croyances tous azimuts.

Il va en faire un lion qui se libère de l'univers. D'une vision unilatérale du monde, ce lion s'autorisera l'imperfection, la révolte et le rejet d'un certain nombre de règles.

Nietzche va faire advenir l'enfant, pour retrouver la tabula rasa, un état émotionnel pur, débarrassé des expériences d'autorité et d'empathie.

L'enfant fait le choix de la créativité. Il va pouvoir jouer avec ses ressources, découvrir ses vraies connaissances et valeurs.

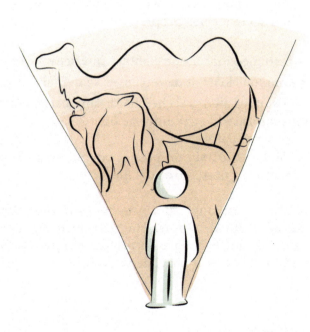

Dans « *Ainsi parlait Zarathoustra* », **Nietzche** érige la création au rang de « *grande délivrance de la douleur, et allègement de la vie [...] afin que naisse le créateur, il faut beaucoup de douleurs et de métamorphoses. Pour que le créateur soit lui-même l'enfant qui renaît, il faut qu'il ait la volonté de celle qui enfante, avec les douleurs de l'enfantement* »[46].

Point n'est de création sans un choix personnel de créer. « *Vouloir affranchir : c'est là la vraie doctrine de la volonté et de la liberté. Dans la recherche de la connaissance, ce n'est encore que la joie de la volonté, la joie d'engendrer et de devenir que je sens en moi ; et s'il y a de l'innocence dans ma connaissance, c'est parce qu'il y a en elle de la volonté d'engendrer.* »

C'est cet enfant en nous qui va pouvoir : écrire, inventer ses nouvelles règles de vie, son plan d'action, son plan d'expériences.

Renaître activement correspond à une nouvelle naissance, un retour à notre être profond.

Les Grecs avaient déjà illustré ce phénomène à travers le Mythe de Dionysos, deux fois né.

L'Homme qui va au-delà de l'Homme.

Nous transcendons les hommes et les femmes que nous sommes pour redevenir des enfants, créant nos propres valeurs.

Et si nous nous reconnections à notre enfant intérieur ?
Et si nous nous donnions le droit de retrouver ce qui fait notre caractère ? Notre énergie ? Et si nous allions rechercher la singularité que nous avions avant les différentes formes de conditionnement ?

C'est cette quête de sens que nous proposons ou tout du moins une volonté de plus d'alignement avec notre être singulier.

La première naissance est une naissance du **tout doit être égal par ailleurs**, c'est la nécessité de survie dans le milieu où je suis jeté. La deuxième naissance est une naissance du **tout ce qui peut arriver arrive**, elle revêt la nécessité de devenir soi... de se donner plus de liberté de vie.

---

[46] Nietzche, *Ainsi parlait Zarathoustra*, cit.

Petits adultes ou grands enfants, nous avons toujours la possibilité de ré-écrire le *je*. Il est temps de trouver des règles en accord avec notre **auto-réalisation**.

Nous touchons du doigt le sens profond de la re-naissance.

« *Traitez un individu comme il est, il restera ce qu'il est. Traitez-le comme il doit et peut devenir, il deviendra ce qu'il peut être.* »   - Goethe

11.3 Je veux gagner en potentiel de vie

Nous passons tous par des périodes où nous sommes plus ou moins animés, plus en moins en **phase** avec nous-mêmes, avec notre milieu.

Il peut arriver que nous soyons en recherche de position sur notre courbe.

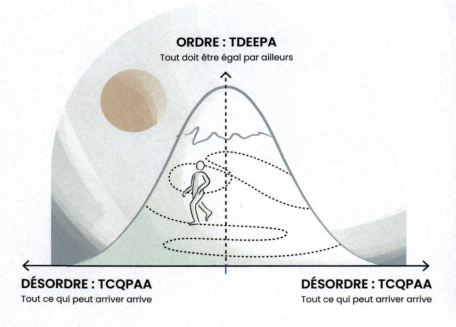

Les stoïciens donnaient un nom à la forme d'abattement qui peut nous gagner : le **tædium vitae**. Cette fatigue de la vie, ce mal-être existentiel, cette crise intérieure qui fait que nous ne retrouvons plus notre juste place, que nous avons du mal à cohabiter avec nous ou avec notre environnement.

Par définition, ce découragement, cette lassitude ou manque d'appétence peut nous arriver à tous, sans cause observable, et même si nous avons une vie sociale ou professionnelle considérée comme **normale**.

« *L'essentiel n'est pas de vivre longtemps mais pleinement. Vivras-tu longtemps ? C'est l'affaire du destin. Pleinement ? C'est l'affaire de ton âme. La vie est longue si elle est remplie. Faisons-en sorte que, comme les matières précieuses, notre vie au défaut du volume vaille par le poids. Mesurons-la à son activité réelle, non à sa durée. L'un vit encore après qu'il n'est plus ; l'autre avant de mourir avait cessé d'être.* »

- Sénèque dans Lettres à Lucilius.

Le philosophe contemporain **Alain Badiou** oppose la ***vraie vie*** à la ***survie***.[47]

Le principal problème de l'individu est d'avoir sa naissance **encore à venir** et d'avoir peur de celle-ci. Pour **Badiou**, il faut être capable d'accueillir l'événement de notre naissance, le miracle qui fait que l'on est vraiment soi.

Souvent nous en avons peur. Nous cherchons à éviter cette naissance ou renaissance. Nous ne souhaitons pas vraiment vivre mais avant tout **survivre**. Il va même plus loin en disant que cette peur est organisée. Il fustige le fait que la sécurité est devenue la norme de l'organisation de la vie publique et crée un environnement défavorable à la création de notre vrai potentiel de vie.

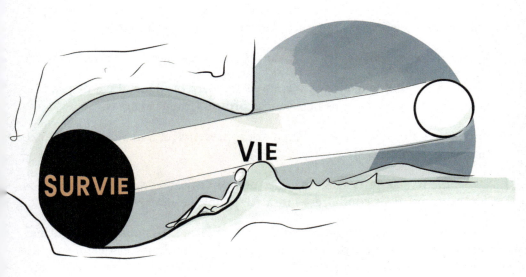

Nul ne peut exister sans une forme de prise de risque.

---

[47] BADIOU A., *La vraie vie*, Paris, Bayard, 2026

Alors que notre système émotionnel limbique est garant de notre survie, la partie rationnelle, corticale, nous donne la liberté de choisir notre vie. Cela ne s'opère qu'au prix du courage de le faire, de sortir de son cadre de référence habituel.

Point n'est d'émotion sans expériences. Ce sont ces expériences que **Badiou** qualifie de « *miracles* » dans le sens où elles réussissent à contourner le surmoi ou inhibition de notre état émotionnel et annulent ou atténuent des expériences inhibitrices précédentes (interdits inconscients).

Il ne tient qu'à nous d'écrire de nouvelles règles du *je*.

Dans notre langage, nous parlerions plus de reconditionnement de l'état émotionnel, passant par le fait de vivre de nouvelles expériences. Pour reconditionner il va falloir déconditionner. Pour sortir du « tædium vitæ » et gagner en potentiel de vie, nous devrons identifier les boucles que nous répétons, comprendre pourquoi nous les répétons et remettre en question certains repères.

Nous avons des lois inscrites en nous. Certaines sont aidantes, d'autres plus pénalisantes.

Imaginons notre vie si nous arrêtons de nourrir des pensées limitantes ? De croire que nous ne sommes pas capables, que nous ne méritons pas, que ce n'est pas le moment, que c'est bon pour les autres ?

Et si nous déstabilisions nos croyances ? si nous opérions un nettoyage ?

Derrière les choses que nous vivons de manière cyclique, il y a de grandes chances que se cachent des croyances profondément ancrées.

Nos souvenirs, motifs, sont bien tous présents et encodés dans notre mémoire émotionnelle.

Dans une boucle infernale, certaines de nos croyances vont influencer nos comportements et conduire à l'insatisfaction que nous voulions éviter.

Pour sortir du cercle vicieux qui nous enferme, il nous faut identifier ces croyances handicapantes, nos boucles automatiques et décider de les changer. Faute de quoi nous allons revivre régulièrement le même drame, tel Sisyphe et son rocher.

En osant une nouvelle expérience, j'agis sur ma croyance et génère un nouveau comportement.

Il se peut aussi que je trouve un intérêt, un bénéfice caché, un avantage inavoué à rester dans une situation qui ne me convient pas. À ce moment-là, avant de chercher l'expérience la plus adaptée, je dois d'abord questionner ma volonté de changement.

Si je veux vivre autre chose, je dois décider autre chose.

12

ET SI JE FAISAIS UN **PAS DE CÔTE ?**

Maintenant que nous comprenons le système, parce que nous avons le code, parce que nous avons conscience de nos principes agissants, parce que nous acceptons de fonctionner comme un tout, avec nos différents instruments et chacune de nos notes, nous pouvons jouer différemment.

Ces remises en question sont généralement inconfortables. Nous n'avons pas toujours les bons outils et le bon état d'esprit pour les adresser correctement. Dès lors, c'est la peur qui nous freine : celle de ne pas réussir à atteindre du mieux, de ne pas savoir comment nous y prendre ou celle de perdre ce que nous avons eu du mal à obtenir.

Nous risquons de choisir un chemin qui a été décidé par d'autres, de vivre par procuration ou d'emprunter une direction déconnectée de notre vraie nature.

12.1 Déconnexion de mes habitudes

Est-ce que la vie que je suis en train de vivre correspond vraiment à celui que je suis ?
Est-ce qu'elle correspond à ce que je veux, au point de vouloir la revivre à l'infini ?

A moi d'imaginer la suite de l'histoire, de jouer l'opportunité du *je*...

> **Je rompt avec mes habitudes quotidiennes pour me donner de l'air et de la hauteur.**

Changer de perspective n'est pas tâche facile. Surtout lorsque nous sommes solidement ancrés dans nos modes de pensées, nos modes de faire, nos modes de vie. En général nous sommes sur une lancée qu'il nous est difficile de quitter. Cette lancée, même insatisfaisante, revêt un caractère confortable. Nous la poursuivons dans une habitude, celle que nous avons forgée pendant des années...

Changer de perspective demande de l'énergie, de la disponibilité. Nous ne pouvons pas trouver cette ressource en répétant nos rituels actuels.

Parfois s'arrêter de courir est un passage nécessaire et salvateur. En posant les choses, nous choisissons d'ouvrir, d'explorer d'autres voies, de ne pas faire pour faire, de ne pas tomber dans le frénétique ou l'automatique.

Ralentir c'est aussi agir. Ralentir c'est se reconnecter authentiquement à son environnement, à soi.

Prendre un bain de forêt, se retirer dans le silence, méditer, nager en lac naturel, écouter le bruit de la mer, observer les flammes d'un feu de camp, le crépitement des feuilles, le chant des oiseaux, marcher en montagne sont autant de pratiques qui nous permettent de nous extraire de nos schémas répétitifs, de sortir de notre brouhaha mental.

Aristote défendait déjà les vertus de la marche libératrice de l'esprit avec l'école des promeneurs ou école péripatéticienne. **Jean Giono** voyait la marche comme un exercice nécessaire à l'hygiène de la pensée[48].

Quoi de mieux que de sortir de son cadre de référence pour se réinventer ?

Mon univers initial est chargé du poids de mes habitudes. Pour être en mesure de le voir différemment, je dois m'en séparer. Je dois quitter les images et les ambiances que je connais. Je dois quitter mon bureau, chargé de l'histoire de l'entreprise, de nos dossiers passés et en cours, des émotions des uns et des autres, de nos rôles relationnels et sociaux.

[48] J. GIONO, *Colline*, Paris, Grasset, 1929.

12.2 Déconnexion de mon environnement

Ce que je vois, l'endroit dans lequel je vis et j'évolue, influent sur ma manière d'être et de penser.

La seule opportunité que j'ai de changer ma vision des choses est de le faire au sens littéral du terme. Je dois quitter mon lieu de vie, ma famille, tous ces repères qui font ce que je vis aujourd'hui.

Parce que l'état émotionnel varie avec l'environnement, il est important de trouver l'environnement qui favorisera mon changement.

Le choix est propre à chacun. Toutefois on peut noter deux grandes voies pour donner de l'impact à nos **sas de décompression**. La première consiste à nous offrir un dépaysement total pour maximiser l'impact de la coupure. La deuxième consiste à nous reconnecter à un lieu **racine**, un lieu qui fait sens par rapport à notre histoire.

Il se peut que le fait de vivre une expérience dépaysante ou une expérience « retour aux sources » soit associée à de la peur. C'est précisément là où l'appréhension se trouve qu'il faut aller.

« Allons au fond de l'inconnu pour trouver du nouveau. »[49]

- Charles Baudelaire

Les déconnexions régulières, au-delà de leurs bénéfices en termes de recharge ou de ressourcement, sont un levier nécessaire d'éveil. Se donner de l'espace, au sens propre comme au figuré, c'est se donner l'opportunité d'avoir la lucidité suffisante pour comprendre.

Comprendre, ou entendre les signaux qui sont masqués par le bruit des interférences quotidiennes, celles de nos pensées, de nos interruptions, de nos notifications en tous genres.

Nous agissons sous le coup de l'émotion.

Reprendre des questions **à froid**, dans un autre contexte, permet d'utiliser notre raison pour challenger nos motifs émotionnels et imaginer d'autres expériences.

> **Je trouve les conditions externes qui favorisent la meilleure coupure avec mon quotidien.**

L'environnement externe, s'il est favorable, peut agir en booster de notre déconnexion.

---

[49] C. BAUDELAIRE, *Le Voyage*, dans *Les fleurs du mal*, Paris, Larousse, 2011.

12.3 Dosage

Si je veux (re)devenir le maître de mon propre « Je », mon état interne doit également être favorable à cette nouvelle posture.

Selon notre état d'esprit du moment, selon nos préoccupations et le niveau de notre charge mentale, nous allons être capables d'entendre ou de masquer les messages de notre système.

Trouver le bon moment, la bonne disposition, n'est pas toujours aisé. Là encore il va être question de dosage, ce qui veut dire prendre en compte la durée et l'intensité. Il s'agit de trouver notre harmonie, la juste alternance entre repos et activité, de ne pas couper complètement ou trop longtemps, de fonctionner par petites touches régulières de vacances et d'*aération*.

Le dosage a pour effet de limiter les grands coups de volant émotionnels, d'éviter l'effet **retraite enchantée**, de pallier le retour difficile du naturel qui revient au galop.

12.4 Faire le vide

Il existe également des manières d'agir consciemment sur nos états internes.

La méditation de pleine conscience permet de se dégager des phénomènes extérieurs, de se relier à l'ici et maintenant, d'observer l'émergence de ce qui se passe en nous de manière la plus fondamentale possible via notre respiration et les manifestions de notre corps.

La pleine conscience consiste avant tout à décider de s'arrêter pour prendre pleinement conscience de ce que nous sommes en train de ressentir, de penser, de faire ou de vivre. Elle permet de focaliser sur ce que l'on maîtrise et ce que l'on est, d'ouvrir en nous un espace de discernement maximal.

Nous pouvons la pratiquer en isolement de tout mais aussi l'expérimenter à n'importe quel moment de notre journée, là où nous nous trouvons, quelle que soit notre activité. Une pratique régulière nous aidera à gagner en lucidité, à avoir une meilleure conscience de nous, des autres et de notre environnement, à éviter l'agitation inutile et à mieux cibler nos actions et priorités.

> **Je mets des barrières au flux d'informations.**
>
> **Je me mets en posture d'accueil, en travaillant sur mes états internes.**

Si je veux entendre, si je veux écouter, si je veux potentialiser mon positionnement sur la courbe, je dois avoir de la place. Si je veux accueillir de nouvelles habitudes, j'ai besoin de vide dans mon espace, dans mon esprit ou encore dans ma gestion du temps…

Pour accéder à ce que je veux, pour initier ma transformation, je dois épurer mon esprit de ce qui me freine et dont je n'ai plus besoin.

Comme pour les tâches d'un ordinateur, quand on ne clôt pas un sujet ou que l'on laisse de nombreuses fenêtres ouvertes… notre mémoire ou notre capacité se consomme. Si nous souhaitons avancer et prendre un chemin qui nous convient mieux, nous devons nous débarrasser du bagage qui pèse sur notre énergie en toile de fond.

Il y a ces événements de notre vie, que nous n'avons pas digérés, ces émotions, qui avec le temps se sont amplifiées, dénaturées, transformées, que nous avons exagérées. Ces conflits que nous n'avons pas fermés. Toutes ces choses qui nous coûtent et dont il serait bon de s'alléger.

Avant de pouvoir reconstruire, afin de pouvoir avancer différemment, il est important de faire la paix avec ces gens, ces événements. Car, sans nous en rendre compte, ils continuent d'occuper nos pensées.

En psychologie de la forme, cela s'apparente à l'effet **Zeigarnik**. Ce dernier démontre que nous « *nous souvenons mieux des actions inachevées que de celles achevées* ».

Un sujet clos s'accompagne d'un sentiment de détente : nous sommes contents ou soulagés d'avoir accompli une tâche. À contrario, un sujet non clos va générer une tension émotionnelle en nous. Cette tension va consommer de la ressource et handicaper notre action sur le long cours.

De même, exprimer authentiquement l'émotion qui nous anime est indispensable si on veut éviter une lutte interne ou une consommation trop grande d'énergie. Chacun à notre niveau nous pouvons faire preuve d'alexithymie ou de « *difficultés à identifier, différencier et exprimer nos émotions, ou celles d'autrui* ».

Il peut y avoir un défaut d'extériorisation ou d'expression ou bien même un **racket**. Le racket se passe lorsque nous utilisons une émotion de substitution et que nous sommes dans le déni. En effet, certaines émotions n'arrivent pas à sortir de manière authentique pour différentes raisons. Cela peut remonter à notre enfance, parce que nous avons par exemple appris que c'était mal d'exprimer de la colère… Ou parce que l'on n'a tout simplement pas appris à bien vivre avec cette émotion, du fait d'un motif ancré en profondeur.

Nous allons alors automatiquement substituer une émotion à une autre, remplacer, pourquoi pas, la colère par la tristesse, si cette dernière est plus convenue. Si les deux signaux sensitifs colère et tristesse sont atténués au point d'être indifférenciables, il n'y aura pas de création de motifs propres à chaque émotion. Cela peut être comparé au développement d'une **surdité émotionnelle** en nous ou déficience à identifier ou à mettre un nom sur ce que nous ne pouvons pas différencier.

Bien entendu, les émotions existent même sans qualificatif. Le fait de ne pas bien les conscientiser et de ne pas les exprimer authentiquement peut être problématique pour nous et nourrir une forme de mal-être conscient ou non.

Avoir de l'espace disponible nous permet d'identifier plus facilement ces *issues* (en anglais), ou *culs de sac*, autrement dit de chercher les blocages pour lesquels nous devons trouver la porte de sortie.

Pour nous aider à trier, à limiter l'abondance de tâches, pour éviter l'amoncellement de tâches à faible valeur ajoutée, inspirons-nous de la matrice du **Général Eisenhower**. Fort de ses pratiques militaires et d'Homme d'Etat, il pousse à distinguer l'urgent de l'important. « *Les choses urgentes sont rarement importantes. Les choses importantes sont rarement urgentes.* »

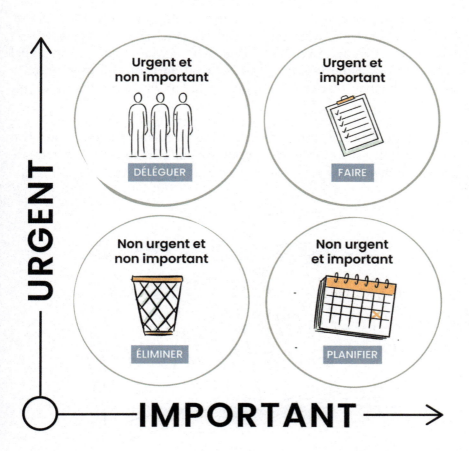

Matrice d'Eisenhower

Enfin, si ranger nous permet de mieux nous concentrer, si faire moins nous permet de faire mieux, nous pouvons aussi nous dire que ne rien faire c'est aussi faire !

Nos vies suralimentées accordent peu de place au vide. La notion de vide est très présente dans la nature. Elle revêt une importance capitale. En hiver la nature prend le temps de se reposer.

Ce phénomène de jachère est valable pour la terre, les animaux, … et les Hommes ! Afin de conserver un bon niveau d'attention et de concentration pendant nos périodes actives, nous avons besoin de ces espaces de vide. La phase de récupération constitue une étape pour que la phase suivante de création puisse commencer.

Privilégier de vastes temps dégagés permet d'agrandir l'esprit. Le silence, la sobriété visuelle ou sonore permettent de limiter les signaux et apaisent.

Si je suis fatigué, si je sens que je ne fais pas efficacement quelque chose, si j'ai l'impression que je ne fais pas assez, alors, je peux être angoissé. Je vais forcer, chercher à remplir à tout prix. Or, la fatigue est un signal naturel que nous avons besoin de **jachère**, ou de **remise à plat**. Prendre le temps de bien se reposer, c'est prendre le temps d'être plus percutant dans l'action.

Trier, faire de l'espace, programmer volontairement du vide dans son agenda, tout cela est très important pour accueillir la nouveauté et faire de la place au nouveau *Je*.

12.5 Déconnexion de mes attachements

> **Pour être moi, je dois couper avec l'attachement et l'influence extérieure.**

Notre environnement impacte fortement nos actions. Il n'y a qu'à voir les champions de football, experts avertis des tirs au but, flancher en situation de penalty lorsqu'ils réalisent que des millions de personnes les évaluent. Trop se préoccuper du regard des autres revient à prendre le risque de coller aux modèles de vie imposés par le conformisme social.

Il est important de se poser la question : « *Est-ce que cette relation à quelqu'un ou à quelque chose me grandit ou est-ce qu'elle me rend esclave ?* », « *Est-ce que cette relation m'apporte de la satisfaction ou est-ce qu'elle me coûte de l'énergie ?* ».

Par habitude ou conformité, nous n'osons pas toujours nous extraire de relations qui sont stériles voire toxiques pour nous. Or, là-aussi, par occupation de l'espace, les relations aux autres, peuvent nous écarter du **Je**.

« Je suis ma voie et tu suis la tienne.
Je ne suis pas en ce monde pour répondre à tes attentes,
Et tu n'es pas en ce monde pour répondre aux miennes.
Tu es toi et je suis moi...
Et si par chance, nous nous rencontrons,
Alors, c'est merveilleux !
... Sinon, nous n'y pouvons rien ! »

- La prière de la Gestalt, Fritz PERLS

De toutes les formes d'émotions perturbatrices, celle dont il est le plus difficile de se libérer est l'attachement. Il est comme un tissu qui absorbe une dose d'huile. Quand l'huile a trop pénétré dans le tissu, il est difficile de l'en séparer.

L'antidote à l'attachement est le lâcher prise, s'affranchir de nos postures, couper avec le devoir de perfection ou la position de sauveur, arrêter de craindre la vie, d'avoir peur des conséquences extérieures… ou de moi.

Je me détache du regard des autres pour mieux me retrouver.

Au cours de notre construction, sans même nous en rendre compte, nous avons intégré beaucoup d'***idées toutes faites***. Ces croyances ont fini par déterminer des choix importants de notre vie.

Enfant ou adolescent, nous avons entendu que notre diplôme ou le choix de telle ou telle filière allait déterminer notre vie, que la réussite financière nous rendrait heureux. Nous avons entendu que nous étions, trop, trop peu ou pas assez. Nous avons entendu qu'il était trop tard.

Ces messages que nous nous répétons de temps en temps, voire tous les jours, ces messages qui disent « *je suis…* », « *je ne suis pas…* », « *et si j'étais… je pourrais* » constituent nos croyances, pour certaines limitantes.

La déconnexion va nous mettre en condition de les entendre, la reconnexion, elle, nous aidera à les comprendre.

Je trie, je me nettoie de ce qui me pollue et fais de la place pour mieux pouvoir me structurer.

Je donne la priorité aux priorités.

13

RECONNEXION

Sur le chemin j'ai voulu aller trop vite, j'ai voulu écouter les autres, j'ai voulu faire ce qui était bien, j'ai voulu faire plaisir.

Sur le chemin j'ai pu oublier, perdre mon identité, ne plus me rappeler si j'ai fait des choix parce que je le voulais vraiment ou parce que je me suis laissé porter par l'habitude, la tradition, les règles, l'obéissance, la soumission...

C'est le moment de me détacher du conditionnement socio-environnemental, de faire fi du regard des autres et de me reconnecter à mon identité.

13.1 Reconnexion à moi

> **Je me reconnecte à mes racines profondes.**

Nietzche parle de « *pathos der distanz* ».

Il utilise un texte latin de **Bernard de Clairvaux** pour illustrer son propos : « *Spernere mundum, spernere neminem, spernere se ipsum, spernere se sperni* »[50] : « *Se moquer de tout, ne se moquer de personne, se moquer de soi-même, se moquer d'être moqué* ».

Nietzche nous pousse à adopter une position très forte, celle de l'affirmation individuelle par rapport à la masse. Le dégoût, loin d'être une émotion négative, est une force fondatrice, une force de vie !

Le dégoût tolère le fait de dire « *non, je ne suis pas cela, cela est méprisable* ». À défaut de savoir ce que je suis, je peux savoir ce que je ne suis pas. À défaut de savoir ce que je veux, je peux savoir ce que je ne veux pas.

Si nous reconnaissons en nous ces qualités que nous méprisons, nous pourrons construire notre propre chemin, en dépit du regard de l'autre. Jung nomme ce process **individuation** ou étape par laquelle l'individu se « *distingue des autres de la même espèce ou du groupe, de la société dont il fait partie* ».

[50] SANCTI BERNARDI OPERA, Rome, Editiones Cisterciences, 1957-1998, 10 vol.

« *Essayer et interroger, ce fut là toute ma façon de marcher : — et, en vérité, il faut aussi apprendre à répondre à de pareilles questions ! Car ceci est — de mon goût : — ce n'est ni un bon, ni un mauvais goût, mais c'est mon goût, dont je n'ai ni à être honteux ni à me cacher.* »

- Nietzche

Pour me connaitre, je dois savoir ce qui est de mon goût.

Maintenant que vous êtes seul face à vous-même nous vous proposons d'entamer un voyage introspectif ou voyage intérieur…

« *Une vie sans examen ne vaut d'être vécue.* »

- Socrate

« *Gnôthi seauton* », « *Connais-toi toi-même.* » Telle est la devise de sagesse grecque gravée à l'entrée du temple d'**Apollon** à Delphes.

Qui suis-je ? Quels sont mes talents, mes faiblesses ? Qu'est-ce que je veux ?

« *Le premier pas vers l'ascèse, c'est se demander ce qui me procure vraiment de la joie.* »

- Spinoza

Je travaille à mieux me connaitre, me reconnaitre.
Je cherche quelles sont mes ressources, quelle est ma nature, et quelles sont mes véritables envies.

Si j'ai mis en place les conditions favorables de la déconnexion, si je suis en paix avec le fait d'arrêter temporairement de faire, je peux plus aisément me laisser être, recoller avec ma nature profonde et à ce qu'elle a à me dire.

Je me reconnecte avec mes émotions, ma sensibilité et je sais que je vais être bousculé.

Nous avons souvent besoin de temps, d'itérations, de maturation. Parfois nous pensons avoir trouvé, nous pensons être lancé, et puis nous devons refaire des réglages, recommencer. Il se peut même qu'en travaillant pour notre « mieux » nous obtenions du **moins bien**.

C'est le principe de **la courbe du changement en U** ou « *processus naturel de résistance* » (inspiré de la courbe du deuil d'**Elisabeth Kubler Ross**) : processus à travers lequel nous passons lorsque nous devons faire face à une perturbation majeure de nos façons de faire ou de penser.

Il existe de nombreux outils de modélisation pour faire ce bilan sur soi : les inventaires de personnalité ou encore les bilans de compétences, qui ont le mérite de donner quelques grands repères et d'amorcer la démarche de réflexion. Ils prennent souvent comme base : nos qualités ou les points forts sur lesquels nous pouvons nous appuyer.

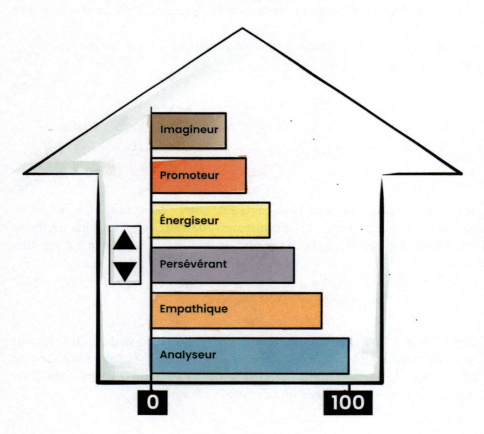

À cette étape, appuyé par un bilan de personnalité, il s'agit de conscientiser ce que nous voyons de nous, ce que les autres voient de nous et de trouver la cohérence réelle.

> **Je m'accepte et je m'aime dans toutes les dimensions de ma personnalité.**

Il n'est pas ici question simplement de compétences mais aussi de traits de caractère, d'appétences, de besoins prioritaires, de gestion de l'énergie, de motivation et de stress.

Accepter que nous ne sommes peut-être pas la personne cool et drôle que nous aimerions être. Nous réconcilier avec notre capacité à embarquer les gens ou à séduire. Casser avec la peur de devenir une **mauvaise personne**. Souvenez-vous, le bien et le mal sont des notions très relatives que nous avons apprises. Rien n'est immuable et, à l'instar du Yin et du Yang, le noir et le blanc cohabitent sans qu'aucun ne puisse jamais dominer.

Il faut aussi distinguer ce que nous sommes devenus de ce qui nous caractérisait enfant. Notre personnalité se forge entre 0 et 7 ans, et nous naissons avec un socle, une base innée. Pour retrouver notre expression la plus pure, il est intéressant de se rappeler comment nous étions enfant.

Les expériences vécues à notre plus jeune âge ont créé des empreintes très fortes sur notre tabula, avec un impact démultiplié par le côté **première fois**. Ces empreintes correspondent à des besoins psychologiques prioritaires à nourrir chez nous.

Donner une forme imagée à nos désirs constitue un premier pas vers leur réalisation. Il existe une technique de développement personnel, le « *tableau de visualisation* », « *tableau des rêves* » ou « *vision board* » qui revient à mettre en images nos envies, sans filtre, afin de commencer à nous projeter et mettre en route la ***loi de l'attraction***.

Cette technique va stimuler notre système émotionnel et donner de l'élan à notre plan d'action rationnel. L'objectif étant de mettre en synergie nos deux boucles.

Avant de savoir où aller, il faut savoir où je me trouve !

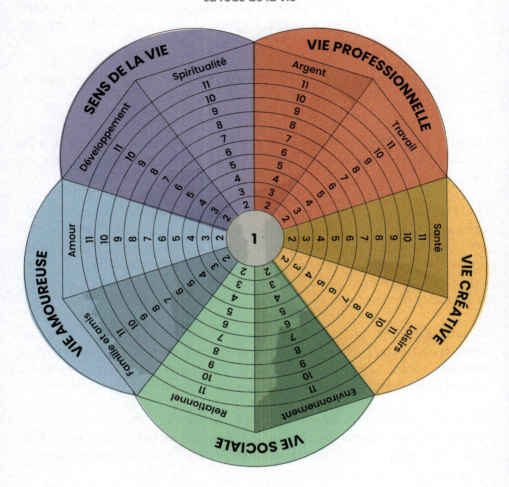

Si ma vie était une roue et que je la découpe en différentes portions représentant les piliers majeurs de celle-ci, quel est mon niveau de satisfaction sur chaque portion ?

Quand j'imagine la vie que je veux, à quoi ressemble-t-elle ?

Il s'agit d'identifier l'écart entre ce que je suis actuellement, et ce que je voudrais être, dans la meilleure version possible de mon quotidien. L'épanouissement intérieur va résulter de la réduction de celui-ci.

En mettant en perspective l'actuelle et la situation poursuivie, nous avons une lecture claire et factuelle de la manière dont nous investissons notre temps, nous pouvons ainsi plus facilement faire des arbitrages.

Je fais le bilan avec lucidité en prenant ma vie comme un tout.

Je réduis l'espace entre ma situation actuelle et ma situation désirée.

Pour nous lancer à la recherche de notre propre ***optimus***, ou ***meilleur nous***, nous devons savoir : ce qui en l'état nous convient ? ce qui en l'état ne nous convient pas ?

Comme dans la logique du mépris, il est parfois plus aisé de commencer par ce que nous ne voulons plus avant de définir ce que nous voulons.

Je liste mes désirs, je les hiérarchise en m'aidant du concept de motif pour guider ma réflexion. Cet aspect de ma vie est-il associé à un motif positif/plaisant ou au contraire déplaisant ?

Cette étape va également nous aider à réaliser que nous sommes satisfaits ou chanceux là où nous ne nous en rendions plus compte.

Je clarifie ce que je veux, j'identifie mes besoins inassouvis.

J'identifie ce que je ne veux plus et qui m'est douloureux.

Une fois ma sélection faite, j'imagine comment mes désirs pourraient s'intégrer dans mon quotidien. À quoi pourrait ressembler mon année, mon mois, ma semaine, ma journée idéale en termes d'organisation, d'allocation du temps, d'énergie ?

Élaborer ce scénario connecte nos émotions à notre raison. Cela met en lumière nos éventuelles contradictions : « *Je dis que je veux faire, mais je fais tout le contraire* », « *j'alloue trop de temps à faire des choses qui ne m'apportent en définitive que peu de satisfaction* » ; ou au contraire peut renforcer notre propension à l'action en nous rendant compte que nos désirs sont réalisables.

Ce premier scénario de notre vie stimulera notre système rationnel et sera un bon point de départ pour opérer ensuite des réglages.

Cela permet aussi de ne pas tomber dans l'écueil de la multiplication des petites choses à faire à court terme. Ne pas commencer par traiter toutes les petites choses qui prendraient finalement toute la place, ne pas substituer l'urgent à l'important et donner de la valeur à ce qui compte vraiment.

> **Je renoue avec moi, dans mon univers.**
>
> **Je dresse les premiers contours de mon *Je*.**

Même avec l'idée en tête de ce que nous voulons devenir, il n'est pas rare d'avoir des attitudes ou comportements inverses ou non contributeurs à la réalisation de notre objectif.

Quand il y a installation d'un tiraillement entre nos désirs et nos actes, entre ce que nous aurions besoin de faire et ce que nous faisons réellement, cela devient très inconfortable, consommateur d'énergie, générateur de stress, de frustration et d'insatisfaction.

Notre système rationnel constate l'écart entre situation réelle et désirée, il va dépenser beaucoup de ressources pour imaginer comment le combler ou pour vivre dans une situation **contre nature.** S'il n'y parvient pas, si ses solutions sont inhibées par le système émotionnel, alors, il aura dépensé du **carburant** inutilement.

Ce phénomène peut se répéter un certain nombre de fois, c'est ce qui fait que nous nous sentions usés à la longue.

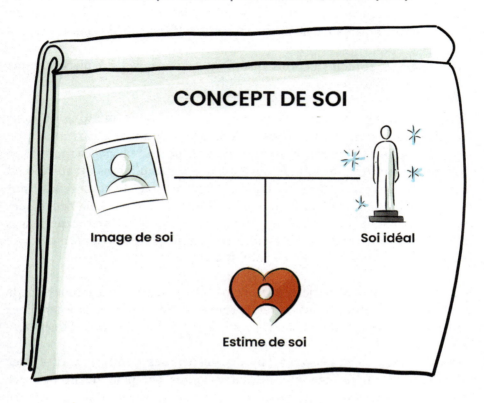

Nul n'est épargné par les blocages. Qu'ils s'expriment par de la dépendance ou de la procrastination, tous sont liés à la peur. Lorsque nous nous voyons retourner dans nos travers, lorsque nous nous fabriquons des excuses sur-mesure, c'est le moment de nous mettre en alerte. La peur a pris le dessus. Si nous voulons accéder à plus de liberté, si nous voulons vivre bien, nous devons nous libérer de nos blocages. Pour ce faire, rappelons-nous que nous disposons de nombreuses ressources et surtout d'un système intérieur très puissant, sur lequel nous avons prise.

Je capitalise sur la richesse de mes ressources pour m'éloigner de ma peur et pour vivre mieux.

Notre stress ou nos souffrances ont des causes, la meilleure manière de les amoindrir consiste à accueillir les obstacles pour mieux les dépasser. Repérons les endroits où nous perdons notre liberté, analysons-les !

Nos ennemies sont les actions que nous avons mises en place comme mécanismes de protection.

Nous endossons des rôles dans lesquels nous nous mettons et nous complaisons par habitude. Nous collons à des étiquettes, caricatures ou images simplificatrices, synthèse de l'ensemble de notre bagage émotionnel. Avec une attention plus grande portée à nos contradictions ou au résultat plaisant ou déplaisant de nos actions, il est possible de comprendre nos rôles et de les faire évoluer. Pour cela il faudra du temps ; cela nécessitera de découvrir en nous les parties qui sont meurtries par des expériences passées insatisfaisantes et celles qui sont indemnes. Il conviendra alors de réécrire l'histoire pour lever les inhibitions.

Si notre tendance est le perfectionnisme, notre action sera inhibée par la peur de ne pas être parfait. Nous éprouverons des difficultés à terminer notre production, celle-ci n'étant jamais à la hauteur de notre exigence.

Dans d'autres cas, nous pourrons déclencher des conflits inutiles avec notre famille ou les membres de notre équipe par peur de ne pas être aimé. Parce que nous craignons d'être confrontés à leur désamour, parce que nous craignons qu'ils nous abandonnent, nous allons générer nous-mêmes la tension et le désamour, avant qu'ils ne puissent avoir lieu.

Le principe étant de trouver l'origine de nos blocages pour nous en libérer en trouvant une expérience pour réécrire l'histoire. Une histoire nous autorisant à révéler notre plein potentiel.

Attention, nos boucles sont d'autant plus vicieuses que notre traumatisme nous fait jouer un rôle pour lequel nous obtenons une forme de satisfaction. Satisfaction qui nous poussera inlassablement à répéter celui-ci...

Dès lors, il conviendra de se demander : « *qu'est-ce qui me procure du plaisir dans le fait de rester dans une situation que je n'accepte pas ?* »

Si j'éprouve du plaisir à me plaindre ou à me faire plaindre parce que j'obtiens un peu d'attention et d'amour, il se peut que je n'agisse pas pour sortir de cet état handicapant.

J'identifie mes inhibitions pour mieux les dépasser.

Nous savons que nos comportements sont liés à nos chemins de vie et à toutes les expériences internes et externes que nous avons rencontrées.

Quand nous étions enfants, nous avons appris un scénario pour réussir ou pour rater. Ce schéma mental va conditionner nos réussites ou nos échecs personnels et/ou professionnels.

Peut-être avons-nous développé un rapport au travail ou à l'argent du type « *tu dois souffrir pour mériter* » ou « *si tu gagnes trop, il va falloir que tu payes* ».

Pour être plus satisfait de ma vie, je peux réécrire les scénarios défavorables, acquis au long de mon chemin.

Je peux débloquer les boucles qui me nuisent et qui m'empêchent de vivre la vie que je veux.

13.2 Reconnexion au sens

Volontairement nous sommes passés par un certain cheminement d'émergence de soi. Nous avons démarré l'aventure introspective par des questions auxquelles il est plus simple de répondre de prime abord. Nous avons évoqué le qui, le quoi, le comment, il nous reste le pourquoi.

Quel est le sens que nous voulons donner à notre parcours de vie ? Dans quelle mesure et sur quel critère pourrons-nous nous retourner sur notre vie et nous dire qu'elle était pleinement satisfaisante ?

Travailler à déterminer qui nous sommes, ce qui est important pour nous, nous donne des indices sur notre pourquoi.

J'aspire à du beau, du mieux.

Aristote nous dit que le « *souverain bien* » consiste en la recherche du bien-être profond ou « *Eudaimonia* ». Notre préoccupation principale doit résider dans le lien que nous faisons entre notre vertu de caractère (« *ēthikē aretē* ») et notre bonheur personnel, « *l'eudaimonia* ». Au plaisir immédiat de l'hédonisme, il oppose le bien-être profond qui ne peut s'atteindre sans cohérence de sens ou alignement.

« *Le bonheur est, suivant nous, l'activité de l'âme, dirigée par la vertu.* »[51]

- Aristote

Martin Seligman, père fondateur de la psychologie positive, confirme le propos. Il recommande de vivre avec vertu, d'identifier celles qui sont les plus importantes pour nous, et les mettre en action, chaque jour.

---

[51] ARISTOTE, *Éthique à Nicomaque*, Paris, Vrin – Revised édition, 1994.

Vouloir vivre avec vertu revient à chercher sans cesse l'action la plus juste possible pour nous, *s'évertuer* à trouver l'excellence ou l'esthétique qui correspond le mieux à nos propres critères. Notre **beau** n'a pas la même valeur que celui des autres. Notre beau est celui qui génère chez nous le plus de satisfaction.

 Je m'interroge sur mes valeurs.

Quel est mon socle de valeurs ? Quelles sont les choses ou règles sur lesquelles je ne peux/veux pas transiger ? Ces règles ou valeurs viennent-elles de moi ? M'appartiennent-elles vraiment ?
Quels sont mes principes fondateurs, les idéaux auxquels je veux contribuer ?

Y a-t-il des sujets qui me font vibrer, qui me font verser des larmes d'émotion ou d'inspiration ?
Y a-t-il des films, des musiques, des situations qui réveillent en moi des motifs particulièrement forts et qu'est-ce que cela dit de moi ?
Ces expressions émotionnelles sont des indices de ce qui m'anime vraiment, profondément. Je ne cherche pas à rejoindre la norme ni le bon sens, mais ce qui fait sens pour moi.

 Je donne une direction, une orientation à ma boussole.

Plus qu'une destination de vie précise, je me construis une vision qui me sert de guide.

Deux indicateurs permettent de savoir si je suis dans la bonne direction : l'engagement (ou envie de faire) et l'énergie. Ce que je fais me remplit d'énergie ou m'en prive.

Si je suis dans un état optimal d'engagement appelé le *flow* par **Mihály Csíkszentmihályi**, je peux avancer sur mon chemin ou dans mes projets avec un ressenti fort de calme et de clarté intérieure. J'ai la perception que le temps s'arrête ou défile à toute vitesse.

Je me connecte à ce qui fait sens pour moi, j'identifie mes valeurs indéfectibles pour nourrir la vision de mon plan d'actions.

Je rassemble tous les éléments de mon cheminement pour tracer ma voie !

En effet, à la règle ou aux objectifs, je dois continuellement associer du désir, de l'amour, de la satisfaction si je veux maintenir mon projet à flot.

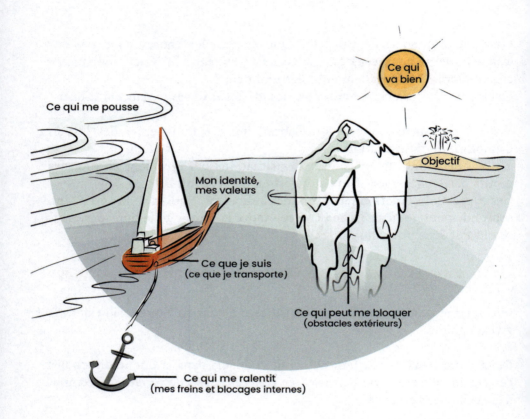

Edward Thorndike nomme ce principe la « *Loi de l'effet* » ou comment je peux m'assurer que mon apprentissage ou mon projet soit opérant, à condition de percevoir une satisfaction finale ou une récompense qui me donnera envie de poursuivre ou de reproduire l'action.

Dans la mise en place des circuits émotionnels nous allons choisir ce qui nous procure le plus de plaisir. Mon cerveau limbique va tout de suite évaluer si c'est bon pour moi.

Comme vu précédemment, je peux aussi élaborer un scénario d'expérience par visualisation, et ressentir tout le bien-être que m'apportera le fait d'opérer un changement.

Tout ce que nous faisons consiste en des stratégies élaborées par notre cerveau pour trouver des contextes dopaminergiques, sérotoninergiques, endorphinergiques… ou pour éviter des contextes avec décharge de cortisol.

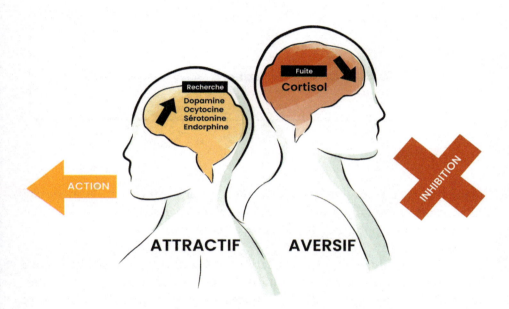

Tout en s'attachant à ne pas tomber dans un cercle de satisfaction addictive aux effets à court terme, nous cherchons tous à atteindre cet état optimal de bien-être profond. Tant que nous n'avons pas trouvé l'expérience qui fait sens et plaisir, nous devons essayer encore et encore pour valider le bon plan d'action.

> **J'oriente mes choix en fonction de ce qui génère le plus de satisfaction chez moi.**

Savoir qui je suis et ce que je veux est primordial. Activer la réponse implique un point très important : à savoir, notre état d'esprit.

Si je n'ai pas confiance en moi ou en mon jugement, toute réponse devient de facto caduque.

Estime de soi selon Branden (1969, 1971) dans Legendre (1993)

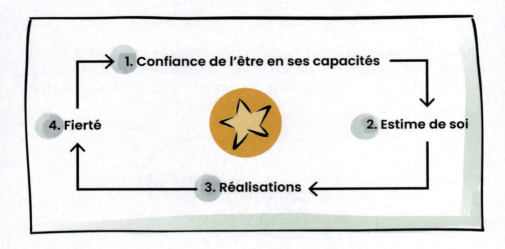

L'état d'esprit de développement ou bien de croissance ne s'appréhende pas au sens économique ou vertical du terme mais dans une logique de maximisation de potentiel de vie et de satisfaction.

La principale source de notre satisfaction émane directement de l'intérieur : de notre état d'esprit, de notre intention, de notre attention et de nos attentes. **Albert Bandura** a théorisé dans les années 80 ce sentiment d'auto-efficacité ou croyance que nous avons ou non en notre capacité à réaliser une tâche. Selon la confiance dont nous disposons pour faire face positivement à une situation, nous allons être capable de résilience et de persistance, ou bien à l'inverse nous allons reculer face à l'obstacle. Là aussi il est question du niveau d'exigence ou de pression que nous nous mettons et de la perception que nous avons entre nos attentes et nos ressources.

Beaucoup de nos souffrances ne viennent pas de nos difficultés extérieures mais de la violence que nous nous infligeons quand nous nous en prenons à nous-mêmes. Elles s'expriment en ressentiment, en déception ou en colère tournée vers nous… avec énormément d'énergie psychologique dépensée à mauvais escient.

> **Je m'épanouis en cultivant, à ma mesure, une confiance en moi et en la vie.**

Quand nous parlons d'épanouissement, il est important de nous concentrer sur notre zone d'impact. Comment ou dans quoi puis-je être vraiment le **maître du jeu** ?

Pour **Stephen R. Covey,** la somme de l'énergie que nous utilisons se situe au sein de trois cercles, et ce quel que soit le domaine. Afin d'utiliser notre énergie au mieux, afin de ne pas gâcher inutilement nos ressources, il est préférable de concentrer nos efforts là où nous avons un réel impact.

Une partie de notre stress est issu de notre volonté de contrôle sur ce qui ne l'est pas. Croyant contrôler, nous entretenons l'illusion de pouvoir agir sur ce qui ne dépend en rien de nous.

Le cercle des préoccupations représente l'ensemble des choses sur lesquelles nous n'avons pas de prise.

Le cercle d'influence représente les choses sur lesquelles nous pouvons influer par nos pensées, comportements, actions.

Le dernier cercle est notre cercle de contrôle total. Dans ce cercle, inutile de nous donner des excuses c'est nous qui avons la main !

Je prends conscience de ce sur quoi je peux agir.

Cela nous emmène à faire la différence entre **réagir** et **répondre**.

Nos réactions sont automatiques, dictées par nos habitudes, nos conditionnements. Notre boucle émotionnelle fonctionne en autonomie, elle ne propose pas de choix, pas d'alternatives.

Répondre est une action délibérée, réfléchie, scénarisée et choisie. En utilisant nos boucles émotionnelle et rationnelle en synergie, notre but est de pouvoir nous libérer suffisamment de nos automatismes pour pouvoir répondre et ainsi sortir de nos voies sans issue.

Le monde extérieur que nous croyons objectif est en réalité subjectif, fruit de notre construction, de nos interprétations personnelles, de nos paroles, de nos pensées et de nos convictions. Parce que notre cerveau est doté d'un potentiel immense, nous pouvons transformer ce monde physique en modifiant nos croyances.

« Le bonheur de notre vie dépend de la qualité de nos pensées. »[52] - *Marc Aurèle*

Les solutions à nos problèmes ne résident pas toujours dans les options de bon sens ou de logique. Nous nous enfermons parfois, ne voyant pas l'étendue des possibles du « tout ce qui peut arriver arrive ». Dès lors que nous ouvrons les perspectives, notre mouvement se libère.

Je peux effectivement trouver des solutions par moi-même ou abandonner par absence de solution idéale. Il se fait que le monde autour de moi peut aussi apporter d'autres éléments qui vont venir bouleverser le plan (y compris positivement avec son lot d'opportunités ou de **miracles**). Pour les saisir, il est important d'avoir : une intention et une vision claire de notre objectif ou du résultat souhaité, de s'être fixé un cap **à notre mesure**, de l'incarner et de rester ouvert sur la manière d'y arriver.

Il est rare que dans une même situation, une seule solution soit possible. Par ailleurs, ce n'est pas parce qu'une solution a été efficace dans une situation qu'elle s'avérera efficace dans d'autres. C'est tout ce que nous avons vu à travers le principe d'impermanence et la nécessité cruciale d'adaptation.

> **J'accepte de ne pas tout maîtriser, d'imaginer d'autres scénarios et d'accueillir l'imprévu.**

[52] M. AURÈLE, *Pensées pour moi-même*, Paris, Flammarion, 1999

13.3 Reconnexion à la relation

Travailler sur notre écologie, sur ce qui nous convient, c'est aussi revisiter le lien à l'autre.

Nous avons parlé de détachement pour sortir de l'influence de l'autre et se reconnecter à soi-même. Une fois cette étape passée, quand la démarche de changement est engagée, l'autre, les autres peuvent être des alliés, des soutiens pour franchir des caps qui nous apparaissent difficiles. L'autre a le pouvoir du recul, de la distance que nous n'avons pas vis-à-vis de nous-mêmes. Il est rare de pouvoir entamer un processus de changement ou de renaissance active sans le support de tiers.

> **Je me fais aider sur le chemin.**

Communiquer n'est pas juste informer. L'échange avec les autres est circulaire. Dans le mot **échange**, nous retrouvons la racine **change**. Communiquer c'est aller à la rencontre d'autres points de vue, sortir de son cadre de référence, de son prisme de lecture du monde. Dès l'instant où il y a relation, il y a influence et écho. C'est ce que nous appelons **l'effet miroir** ou projection de soi que nous renvoie l'autre. Nous avons besoin de cette distance, de cette position méta, en dehors de nous, pour voir ce qu'il y a en nous.

Nous allons vivre mieux, avoir une image plus constructive de nous, si nous nous sentons respectés dans notre identité, reconnus dans l'environnement dans lequel nous évoluons.
Albert Bandura l'appelle « *La persuasion par autrui* » déclarant « *Il est plus facile à quelqu'un de maintenir un sentiment d'efficacité, particulièrement quand il est confronté à des difficultés, si d'autres individus significatifs lui expriment leur confiance dans ses capacités* ».

Ce que l'autre va me dire ou me donner va me ramener à mes dissonances ou à mes résonances.

Quand nous nous exprimons, nous extériorisons ce qu'il y a en nous, comme une première mise au monde d'idées qui va nous servir à clarifier ou à révéler ce qui nous embellit ou nous enlaidit, ce que nous voulons, ou pas, être ou faire. Nous entendre dire sert à former notre pensée et à nous orienter sur notre chemin.

Par la réaction de l'autre, je vais avoir un nouvel éclairage. Par le questionnement de l'autre, je vais ouvrir de nouvelles perspectives et faire évoluer ma perception initiale, faire évoluer mes suppositions, mes croyances. C'est pour cette raison que la plupart des thérapies sont menées autour d'entretiens. Non pas juste pour être conseillés mais pour vivre cet échange qui permet d'accoucher de soi et de ses idées.

C'est la fameuse méthode maïeutique de **Socrate**.

La relation à l'autre comporte d'autres avantages. L'expérience empathique multiplie les possibilités d'expériences et permet de nous réconcilier avec certaines peurs. C'est une excellente opportunité de créer de nouveaux motifs. Nul n'est besoin pour nous de vivre chacune des expériences, le seul fait de constater le plaisir ou le déplaisir d'autres à les vivre peut transformer notre bagage émotionnel et contribuer à notre développement.

Nous pouvons nous inspirer de personnes pour bénéficier de leur expérience. Regarder des films ou lire des livres biographiques de gens qui s'assument et se réalisent pleinement est une façon de puiser de la ressource dans l'énergie déployée par d'autres.

L'écoute est difficile car elle nécessite d'instaurer le silence en nous-même, de nous dissocier temporairement de nous pour mieux envisager la situation d'interaction. Ecouter nous permet de nous mettre dans une « méta position » qui se révèle favorable pour accéder à nos propres ressources et stimuler nos facultés intuitives. Observer attentivement apporte le calme et la vigilance dont nous avons besoin pour mieux établir nos propres scénarios. Nous prenons davantage conscience de ce qui est et de ce que nous sommes car nous avons une posture de plus grande réceptivité.

« *Celui qui parle sème, celui qui écoute récolte et sème à la fois.* »

- *Pythagore*

Utiliser le support de l'autre est un moyen de décupler les possibles.

Je suis un être social, l'autre aide à ma renaissance.

13.4 Reconnexion à mon corps et à l'ici et maintenant

Héritée des Grecs, puis reprise par des philosophes contemporains comme **Michel Foucault,** l'idée que tout être humain doit prendre soin de lui-même est devenue centrale aujourd'hui.

L' « *epimeleia heautou* », « *souci de soi* » :

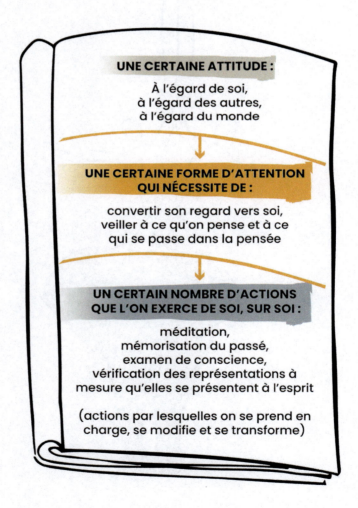

Aller chercher notre vérité au fond de nous, dépasser certains de nos automatismes demande de l'énergie et ne peut se faire sans prendre soin de nos ressources au sens large.

Le principe de **cure** existe depuis la nuit des temps, prenant des traductions différentes selon les cultures. Du latin cura, curare, au français cure, curer et à l'anglais cure, care.

Le soin de soi est un pilier de notre reconstruction.

Albert Bandura complète son propos sur l'efficacité personnelle en affirmant que notre construction passe à la fois par « *la maîtrise personnelle* » (appréhension des succès et des échecs) mais aussi par la maîtrise de notre « *état physiologique et émotionnel* ». « *En évaluant ses capacités, une personne se base en partie sur l'information transmise par son état physiologique et émotionnel.* »

Comment avoir de la lucidité quand nous manquons de sommeil ou quand nous avons des habitudes de vie qui ne respectent pas notre corps ?

Comme nous l'avons vu, le changement est un parcours non linéaire, un chemin de montagne où nous rencontrons des points d'étape ou de bascule (« tipping points »), où nous pouvons stopper, tomber ou grandir. Le long du chemin, nous pouvons très bien avoir des moments pendant lesquels nous ne sommes pas prêts. Il s'agit de trouver l'approche, le rythme ou la méthode qui nous conviennent le mieux et qui nous permettent de garder l'envie et la motivation de manière durable.

> **Je trouve le bon rythme à mon cheminement, j'accepte de faire moins mais mieux.**

Quand l'énergie psychique permet de trouver la bonne action, l'énergie physique est celle qui permet de la réaliser. Ces énergies varient au cours de la vie. Comme le corps et l'esprit n'évoluent pas en même temps il va y avoir des déphasages qui nous obligent à revisiter notre plan. D'où l'importance d'être à l'écoute de notre enthousiasme, de notre fatigue ou de nos douleurs, pour trouver un juste alignement. Ne les masquons pas à coups de calmants ou d'excitants. Prenons chaque signal physique qui nous est donné comme une opportunité de mieux nous adapter.

Pour atteindre la performance souhaitée le muscle doit à la fois travailler et se reposer.

Tout comme notre corps, notre esprit a besoin de se régénérer. Tout comme le corps peut ne pas toujours suivre, le mental peut dépasser le pouvoir du corps, handicaper durablement la renaissance. Dans des environnements de vie de plus en plus sollicitant, nous devons soigner la relation entre notre corps et notre esprit.

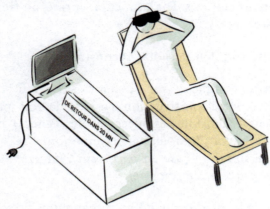

Ne cherchons pas à être systématiquement dans la **zone de performance**. Plus nous passons de temps dans celle-ci, plus nous aurons besoin de compenser dans la **zone de récupération**. Plus nous dépassons les limites, plus nous le payons cher.

Faire de l'exercice physique régulièrement, s'oxygéner, s'aménager des temps de repos cognitifs, choisir des environnements, des relations, des cultures d'entreprise, des amis qui nous conviennent, tout cela contribue au soin de soi.

Nous avons vu que le cadre extérieur exerçait une influence. Il y a certains lieux où il est plus facile de cultiver la liberté intérieure, des endroits plus vastes qui permettent d'entamer une réflexion plus large ou qui facilitent le calme (l'océan, l'altitude en montagne, les clairières de forêts).

> **Prendre soin de moi, c'est me donner la possibilité d'exprimer le meilleur de moi.**

Prendre soin de nous c'est aussi nous donner la liberté d'échouer, de composer avec nos faiblesses, de toucher de plus près notre vulnérabilité, d'accueillir nos failles ou encore l'adversité. Nos pleurs, nos peines, nos difficultés sont porteuses d'apprentissages, de leçons qui nous font avancer, si nous nous donnons la peine de les entendre.

« C'est en se donnant la liberté d'échouer que l'on parvient aux plus grandes réussites. »

- Mark Zuckerberg

Oser se mettre à nu, se dévoiler, fait aussi partie du jeu. C'est aussi accepter que nous ne sommes pas doués pour tout.

« Tout le monde est un génie. Mais si vous jugez un poisson sur ses capacités à grimper à un arbre, il passera toute sa vie à croire qu'il est stupide. »

- Albert Einstein

L'humilité sert à nous faire grandir. Ne jamais se dire que nous sommes arrivés est une posture qui nous fait gagner en agilité.

Comme le capitaine d'un voilier, nous devons tenir compte des vents, de la fragilité de notre embarcation et nous devons accumuler de l'expérience pour naviguer au mieux.

Ne nous inquiétons pas de faire le bon choix dès le départ. Le monde est fait de variations. Le un, la voie royale, unique, idéale, n'existe pas. Nous ne pouvons jamais savoir à l'avance quelle est la bonne piste. Apprenons à choisir avec discernement sur l'instant. Faisons confiance à nos sensations corporelles et à notre intuition. Lâchons prise une fois la décision prise et donnons-nous l'opportunité de la révision du plan. Comme des explorateurs qui apprennent en chemin et pour qui les embûches sont aussi formatrices que les richesses de la vie.

Ma vie est un parcours imparfait où j'accepte d'apprendre de mes succès comme de mes échecs.

J'ose explorer car je sais que c'est de cette manière que je trouverai mon chemin et ce, même si je dois prendre le risque de me tromper.

Nous avons tous tendance à ressasser le passé ou à nous perdre dans nos supputations sur le futur. La seule solution pour arrêter cette rumination mentale est de nous plonger dans la fraicheur du présent.

« Que chacun examine ses pensées, il les trouvera toutes occupées au passé et à l'avenir. Nous ne pensons presque point au présent, et, si nous y pensons, ce n'est que pour en prendre la lumière pour disposer de l'avenir. Le présent n'est jamais notre fin : le passé et le présent nos moyens ; le seul avenir est notre fin. Ainsi nous ne vivons jamais, mais nous espérons de vivre ; et nous disposant toujours à être heureux, il est inévitable que nous ne le soyons jamais. »

- Pascal

Notre difficulté à rester dans l'instant présent est amplifiée par les hyperstimulations que nous recevons de toutes parts, mais ce n'est pas tout… Notre cerveau est conçu pour la survie, il anticipe en permanence, compare nos expériences présentes avec nos expériences passées, il imagine les scénarios de ce qui pourrait arriver dans le futur, il produit des pensées, des images en permanence dans un flux continu. Or, ces préoccupations sont très consommatrices de notre énergie. Le passé est passé, nous ne pouvons plus agir dessus, le futur est incertain et nous ne pouvons pas le programmer. Ces réflexions sont utiles dans une certaine mesure ou quantité, mais attention au piège qui consiste à ne plus vivre l'instant présent.

Goûter à l'instant présent nous aide à apprécier la beauté, la simplicité, la vérité de ce qui est, là, déjà présent en nous ou dans notre vie. Cela nous apaise en limitant notre tendance naturelle à regretter, à refaire l'histoire, notre propension à anticiper, comparer, juger.

Quand nous revenons à l'ici et maintenant, nous gagnons en lucidité et pouvons mieux percevoir ce que nous voulons et pouvons faire ou ne pas faire.

> **Je vis le moment présent dans sa beauté et ses difficultés.**
>
> **Sans jugement ni anxiété, je me concentre sur la joie et la perfection de ce qui est en ce moment.**

En plongeant dans la conscience du moment présent, nous comprenons que nous vivons ce qui doit être, à ce moment-là, que tous les problèmes que nous rencontrons sont transitoires et temporaires.

Nous exercer à remarquer les généreux dons du monde qui nous entoure, sentir de la reconnaissance pour notre chance, modifie considérablement notre état d'esprit.

Trouver des moyens d'être reconnaissant pour chaque problème rencontré nous aide à nourrir cette satisfaction de vivre, cela revient à transformer chacune de nos épreuves en opportunité.

La gratitude est une posture qui s'alimente. Pratiquer la gratitude augmente notre confiance en nous, en la vie, en les autres. Cela modifie petit à petit les motifs *« je n'ai pas de chance »*, *« ça c'est bon pour lui, pas pour moi »* et bien d'autres encore…

En entraînant notre muscle de l'optimisme, nous gagnons en vitalité, en créativité, nous sommes plus armés pour avancer.

« Soyons reconnaissants envers les gens qui nous rendent heureux, ils sont les jardiniers qui font fleurir notre âme. »

- Marcel Proust

La gratitude nous aide à diriger notre attention vers les choses heureuses de notre vie et à la détourner de ce qui nous manque. La reconnaissance peut être aussi bien orientée vers nous que vers les autres. Quel bonheur que celui de voir le sourire d'une personne à qui vous faites acte de gratitude, un « *merci* », un « *chapeau* », un « *bravo !* » fait vivre l'émotion et le bien-être de manière contagieuse…

> **Je célèbre la vie, comme un don, avec optimisme, confiance et gratitude.**

Le savoir bien-vivre c'est se fixer un but, être conscient de soi, présent au monde, s'accepter, se respecter, prendre soin de soi, se sentir responsable et agir comme tel, être reconnaissant et oser s'affirmer.

Maintenant que nous sommes en condition pour **enfant en devenir,** nous pouvons agir !

> **J'accepte d'être moi dans toutes ses dimensions.**
>
> **J'accepte qu'il y a un moyen de réaliser le vrai but de ma vie.**

13.5 Reconnexion à l'action : je sors de ma zone de confort pour pouvoir changer

Pour changer complètement, il faut que l'expérience soit suffisamment puissante pour bouleverser, détruire mes schémas initialement établis.

Le compromis réside dans la sécurité. Tout notre système émotionnel a été conçu pour nous maintenir en vie. Le dérégler constitue un risque de mort. Pour cultiver notre état émotionnel, nous devons nous en occuper, expérimenter au-delà de notre zone de confort.

« Tout ce qui ne nous tue pas nous rend plus fort. » - Nietzche

Si nous ignorons notre état émotionnel, si nous n'enrichissons plus notre bagage par de nouvelles expériences, nous vivons sur des concepts acquis et non remis en cause. Or, tout change. C'est donc l'état émotionnel le plus riche et le plus à jour qui va être à même de générer de nouvelles actions (ou innovations) efficaces dans un nouvel équilibre ou nouveau paradigme. Nous évoluons dans un système d'apprentissage et d'adaptation permanents, dans un environnement en mouvement.

La seule mauvaise stratégie est de **faire ce qui a toujours fonctionné**. Si certains leaders rassurent les équipes avec ce genre de phrases clés, elles mènent en fait, bien souvent, à des organisations grippées. Un nouveau paradigme nécessite de nouvelles réponses. Les nouvelles réponses ou actions ne peuvent venir que d'un état émotionnel entraîné au changement.

Il ne suffira jamais de bien raisonner, il faudra avoir intégré émotionnellement ces nouvelles conditions ou idées pour générer le bon mouvement, la bonne motion.

« La vie, ce n'est pas d'attendre que les orages passent, c'est d'apprendre comment danser sous la pluie. »

- Sénèque

Confort et intensité ne font pas bon ménage. Vivre une vie intense revient à faire un saut dans l'inconnu pour mieux se reconnaitre. Vivre une vie intense, c'est se connecter à l'amour du *Je*.

« Celui qui s'est beaucoup ménagé, celui-là devient finalement un malade de tant s'être ménagé. »

- Marc Aurèle

Embrassons ce qui pourrait nous perturber. Mettons-nous intelligemment en danger pour sortir de notre zone de confort et l'élargir.

Sans nouvelles expériences hors de ma zone de confort je ne deviens jamais plus fort, je ne me développe pas.

C'est en dépassant nos limites personnelles que nous trouvons la vraie liberté.

Sartre associe la liberté à notre capacité de penser. Nous avons la possibilité d'élaborer des scénarios alternatifs à ceux que nous connaissons déjà. Il est de notre choix de nous orienter vers de nouvelles expériences pour tenter d'améliorer notre condition, notre satisfaction.

Si la liberté d'action est conditionnée par une validation émotionnelle, la liberté de raison est bien première dans le processus de changement. Ne nous enfermons pas dans une pensée unique, celle de la routine ou des habitudes qui tuent le plaisir et l'envie. Il n'y a jamais une seule voie.

Plus je vais vivre d'expériences, plus j'aurai de solutions.

Notre intelligence émotionnelle se développe dans l'émodiversité ou notre capacité à ressentir et expérimenter une large gamme d'émotions.

Nous avons été élevés dans la croyance que les émotions négatives sont antinomiques au bien-être ou pire encore que passer d'une émotion négative à une émotion positive plusieurs fois dans la journée ferait de nous des cyclothymiques.

Au contraire, prêter attention à chaque sentiment et l'intégrer dans nos choix de scénarios est un réel avantage pour affronter les rebondissements de la vie et nous permettre de nous repositionner sur notre courbe. Cette aptitude s'avère salutaire. Accepter nos émotions positives ou négatives nous permet d'ajuster nos réponses à une réalité donnée.

Trop souvent, nous nous concentrons sur le message envoyé en surface, la colère ou l'agressivité par exemple, sans chercher à savoir si derrière il y a un manque d'amour, un sentiment d'injustice ou un stress intense lié à une cause extérieure ou encore un mal-être personnel. C'est là le cœur de beaucoup de situations de conflits.

« Je n'arrêterai pas de souligner l'importance d'apprendre à utiliser les émotions négatives pour ce qu'elles sont, un appel à l'action. »

- Tony Robbins.

Prendre la pleine mesure de notre palette émotionnelle, nous aide à en tirer le meilleur parti.

J'élabore mon plan d'expériences en utilisant toute la richesse de mon intelligence émotionnelle.

Ce que nous détruisons (croyances/blocages) va nous permettre de créer d'autres choses. C'est le fameux concept de ***destruction créatrice***.

Nous tombons trop souvent dans le piège des changements temporaires. Ceux qui provoquent en nous de prime abord un grand allant, un grand enthousiasme puis un retour aux anciennes habitudes et une grande déception.

Si les faits restent les mêmes, ce qui va provoquer un changement plus profond et durable, va être notre changement de paradigme, celui qui nous fera changer d'émotion, de comportement, de réaction, et d'interaction.

Changer de paradigme ou de prisme revient à opérer un recadrage. Envisager de nouvelles perspectives pour éviter l'écueil de la volonté de changement, « *j'ai déjà essayé mais ça ne marche pas* ».

Je cherche différentes significations à un même contexte en prenant différentes casquettes pour l'éclairer différemment. Adopter la multiplicité des points de vue permet de passer en mode « adaptatif » plutôt que de rester dans le schéma « automatique » de ma boucle émotionnelle.

Pour être autrement, je décide de voir autrement.

L'idée étant de libérer notre créativité ou capacité à créer des réponses plus adaptées à notre bien-être.

Les voyages, les rencontres favorisent l'émergence de changements culturels ou changements de croyances profondes.

Tout ce qui peut arriver arrive.

ET SI JE DEVENAIS
QUI JE SUIS ?

14.1 Action : je suis prêt pour ma renaissance active

Je fais des expériences actives car le changement ne s'imprime que dans l'action.

« Que vos actes parlent si fort, que je ne peux entendre ce que vous dîtes. »

- Ralph Waldo Emerson

La connaissance n'a de sens que si elle permet de passer à l'action. Charge à nous d'élaborer un plan d'actions ou plan d'expériences qui servira notre cause.

« If you fail to plan, you plan to fail » : «Ne pas planifier, c'est planifier son échec ».

- Benjamin Franklin

Transformons notre culture de l'image, du diplôme, du succès, de la possession, en culture de l'action ! Montrons des résultats. Mettons en œuvre des actions cohérentes avec nos propres valeurs. Montrons que ce que nous disons, nous le faisons. Arrêtons de penser, de prouver ou de dire… incarnons la différence.

Nous apprenons à suivre des mouvements, selon des critères : ce qu'est un bon travail, une bonne personne, ce que l'autre fait mieux et qu'il serait bien de suivre … Nous n'apprenons pas à trouver notre propre voie. Le plus important n'est pas de suivre un chemin mais bien de trouver le chemin qui nous convient.

Ne commettons pas l'erreur de l'attente ni celle de nous accrocher à la première idée qui passe. Osons développer notre créativité pour nous approcher de la vie que nous souhaitons mener. Il y a autant de plans géniaux à construire que d'éléments pseudo-géniaux à détruire. Le changement fait partie du cycle naturel de toute chose. Il est essentiel à notre évolution.

Lorsque nous nous trouvons dans l'optique d'une adaptation à notre environnement, nous planifions une action sur la base de la représentation que nous nous faisons de la situation. Nous allons alors chercher la piste de réalisation qui nécessitera le minimum de dépense (la moindre action). Si nous ne le faisons pas en première intention, le déplaisir d'un trop grand effort ou d'une trop grande fatigue nous poussera à la révision du plan. Le principe de moindre action émane de la nature, le cerveau étant une évolution naturelle, il est normal qu'il réponde à ce principe.

Le moindre effort répond à ce que nous avons abordé. À savoir, il n'y a pas d'obligation de souffrance pour prétendre à du mieux. La satisfaction peut avoir lieu dans la difficulté mais la difficulté n'est pas une fin en soi car elle prive d'autres solutions. Il est intéressant de savoir être tacticien ou stratège avec nous-mêmes pour limiter la difficulté et maximiser l'impact… et donc la satisfaction.

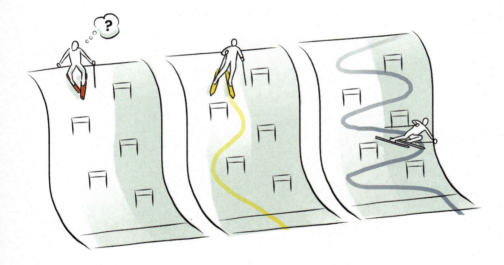

Si nous visualisons une piste de ski avec plusieurs skieurs, nous imaginons assez aisément que chacun va prendre une trace différente. Chaque trace correspond à une des possibilités inscrites dans nos motifs émotionnels. Si nous répétons l'expérience de descendre la piste, naturellement nous allons le faire dans une optique d'amélioration ou de répétition de la satisfaction ressentie. Si nous avons rencontré une difficulté, nous allons réviser notre trajectoire pour être le plus heureux et dépenser le moins d'énergie possible. La loi de l'action minimum nous rappelle le fonctionnement ondulatoire de notre système émotionnel, basé sur : le plaisir, déplaisir et moindre effort pour un maximum de satisfaction.

Notre système rationnel, lui, va établir de nouveaux scénarios. Il va chercher des solutions permettant l'optimisation de notre résultat (ou tracé). Il va remplacer des paramètres, changer le matériel, la structure des skis ou encore la taille des bâtons, mais ne nous fera pas agir (nous lancer plus vite par exemple) si nous avons peur.

Les deux systèmes mis en synergie sont le meilleur moyen de trouver notre propre voie.

> **À la recherche de plus de satisfaction, je cherche la voie la plus naturelle pour moi, et élabore un plan d'actions itératif, respectueux de la loi du moindre effort.**

14.2 Je renforce mon bagage en créant de nouveaux motifs

La somme des motifs émotionnels présents en mémoire dans notre bagage constitue notre état émotionnel. L'intérêt de vivre des expériences est de l'enrichir. Chaque nouvelle expérience va créer ou modifier des motifs.

Nous avons donc une superposition des motifs qui se construit comme un Hologramme : à savoir des centaines de milliers d'images indépendantes. Chacune des images représente l'objet complet sous un angle légèrement différent. Combinées, ces images donnent une image complète de l'objet.

Quand j'ai beaucoup d'expériences à mon actif, je dispose d'une palette plus large pour interagir avec mon environnement.

Notre bagage ne s'imprime que lorsqu'il y a un ancrage émotionnel. Cela explique d'ailleurs pourquoi, sans mise en pratique, nous oublions jusqu'à 80% du contenu d'une formation. C'est aussi la raison pour laquelle la manière de dire ou de vivre les choses importent plus que les mots.

Faire une réunion en marchant en pleine nature n'aura pas du tout le même impact, la même empreinte émotionnelle qu'une réunion en salle. L'empreinte de l'échange sera forcément différente que celle d'une configuration bureau (espace fermé avec perspective de quatre murs et dialogue face à face). Que nous apprenions en riant, en pleurant ou en créant, que l'expérience soit surprenante, positive ou négative… plus il y aura émotion, plus il y aura « impression », plus il y aura ancrage, plus il y aura action.

Nous pouvons avoir des conversations théoriques sur tout un tas de sujets, cela ne changera pas significativement nos motifs si nous ne les vivons pas ou si nous n'avons pas une émotion forte attachée à l'apport théorique.

Notre bagage émotionnel se consolide au fur et à mesure de nos expériences de vie. C'est d'ailleurs pour cette raison que plusieurs personnes d'un même groupe ne recevront pas le message de la même manière ou que des frères et sœurs construisent des parcours de vie très différents en ayant les mêmes parents.

À chaque expérience sont associées des émotions qui nous sont personnelles. Plus notre vécu est riche, plus notre bibliothèque est remplie, plus nous sommes aptes à faire face à la variété et à la complexité des situations, des relations. Il n'y a pas de hasard dans le dicton populaire « *les voyages forment la jeunesse* ». Chaque voyage, telle une aventure exploratoire, décuple les expériences et les découvertes. En voyageant nous vivons des expériences associées à des émotions non connues, non reconnues par notre système. En voyageant nous créons et mémorisons de nouveaux motifs émotionnels qui renforcent notre intelligence émotionnelle, notre habileté à nous connaitre, à nous positionner, et à interagir avec le monde qui nous entoure.

Chaque expérience va donner lieu à une émotion qui va donner lieu à une action. Plus notre état émotionnel est riche d'expériences nouvelles et différentes, mieux il va être à même de générer des actions efficaces.

Toute notre vie nous créons de nouveaux motifs qui viennent alimenter notre banque mais aussi faire évoluer notre bagage. Ainsi, nous pouvons décider, avec notre raison de vivre, des expériences pour tenter de modifier un motif qui nous pénalise.

En effet, lorsque nous vivons une expérience qui génère une émotion reconnue, déjà ressentie, nous venons renforcer ou atténuer le motif émotionnel existant. L'atténuation ou l'amplification se fera en fonction du résultat de l'action. Si le résultat de l'action est positif, le motif émotionnel sera renforcé. Si le résultat de l'action est négatif, le motif émotionnel sera atténué.

C'est ainsi que nous pouvons influer sur notre rapport à nous-même, notre confiance en nous, notre capacité à réussir ou encore nos peurs.

Prenons l'exemple de notre appréhension des chiens. Lorsque j'étais enfant j'ai créé un motif « chien » associé à un chien gentil jusqu'à ce qu'un chien me morde. Le nouveau motif « chien méchant » d'une grande intensité est venu recouvrir le motif « chien gentil ». Comment vais-je décider de la réaction à adopter face à un chien quand j'ai deux images ?

Inconsciemment je vais aller chercher dans les cases mémoires, dans ma tabula, quelle est l'expérience la plus consonante avec ce que je vis sur le moment. C'est là qu'opère le « shazam de l'hippocampe ». Mon action dépendra de la synthèse opérée avec mon vécu. S'il n'y a pas d'expérience correspondante, je n'agirais pas. Je pourrais malgré tout créer un nouveau motif si je me fais mordre, faute d'action. Le nouveau motif sera « *lorsque je ne bouge face à un chien, je risque la morsure* ».

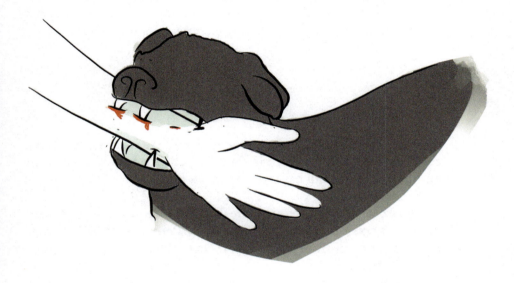

Comme l'action est initiée par l'état émotionnel et que l'état émotionnel fonctionne par comparaison entre sensations actuelles et sensations passées mémorisées, il est clair que ce sont les sensations les plus basiques qui donneront un signal de similitude fort et donc déclencheront une action. Plus le motif est simple, plus nous sommes réactifs. Plus il est complexe, moins nous sommes réactifs.

14.3 J'utilise ma souplesse et ma plasticité

Notre cerveau est doté d'un incroyable pouvoir de plasticité, il se reconfigure sans cesse. Plus il est stimulé plus il se développe : plus je joue du piano, mieux je joue. Nous ne sommes pas nés en sachant lire ou jouer au tennis. Avant l'invention du GPS, nous devions apprendre les noms de rue, avec l'arrivée des SMS et des claviers d'ordinateurs nous avons appris à pianoter très rapidement.

> **Mon cerveau est plastique, comme il n'est pas formé définitivement, je peux le reconfigurer et changer.**

Pour ce faire je vais devoir créer quelque chose de nouveau. Le créer par petites touches en faisant des petits pas qui me serviront en fonction de ce qui est satisfaisant ou non.

Souvenez-vous de la courbe de Gauss entre **tout ce qui peut arriver arrive** et **tout est égal par ailleurs**, nous allons faire évoluer notre positionnement par l'expérience. Le but est pour nous de trouver des plans d'expérience progressifs pour éviter les extrêmes qui auraient pour effet de nous ralentir ou de nous dégoûter par une intensité mal maîtrisée.

Ce qui peut être bénéfique à petite dose devient mortel à forte dose.

« Dosis sola facit venenum » : « Seule la dose fait le poison ». - Paracelse

C'est la loi de l'hormèse ou comment développer notre vitalité par sollicitation de notre organisme, par petits à-coups ou agents générateurs de stress nous permettant de nous renforcer. La démarche vise à côtoyer régulièrement notre capacité adaptative, dans un dosage approprié, sans jamais aller au-delà. Cela consiste à nous confronter à nos limites personnelles pour mieux les dépasser.

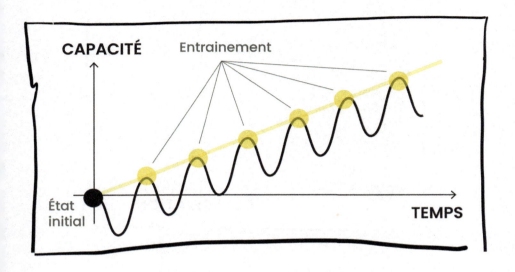

Ce phénomène de répétition par petits à-coups peut être comparable à une peau de tambour. Par légers tapotements nous allons déformer la peau, la membrane restera la même mais changera légèrement de forme. Une autre image est celle de la gravure. Nous pouvons considérer notre tabula comme une plaque faite de matière molle (comme la cire) sur laquelle nous allons graver des motifs qui vont s'imprimer plus ou moins profondément et qui, à force de superposition, peuvent revenir à leur surface d'origine.

Lorsque nos émotions sont trop puissantes, la peau est mise en tension excessive, la matière subit un dommage irréversible. Nous vivons un traumatisme.

Travailler notre matière, c'est le faire en souplesse. Par nos expériences, la matière va être étirée puis revenir de manière légèrement différente. Ne tirons simplement pas trop fort pour qu'elle ne se déchire pas sous la pression.

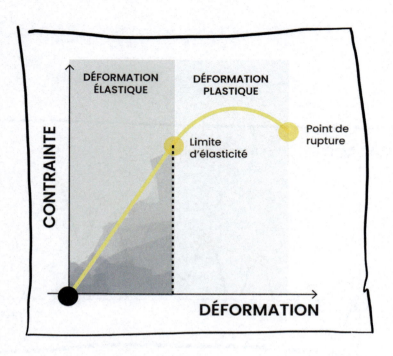

Nos traumatismes sont des expériences qui ont créé des émotions trop puissantes avec un caractère destructeur. Nous pouvons comparer cela à une lésion auditive, consécutive à un son trop fort. Le traumatisme opère comme une déformation trop profonde. La peau du tambour a été déformée et n'est pas revenue à sa position de départ à la suite d'un coup trop puissant. Une méthode pour retrouver la tension initiale est de créer et répéter de petites déformations locales, jusqu'au retour à la position initiale. C'est la thérapeutique qui vise à revivre son traumatisme pour retrouver la sensibilité initiale.

Se réclamant de la philosophie stoïcienne, les thérapies cognitivo-comportementales (TCC) invoquent une phase *d'acceptation* suivie d'une phase d'*engagement*. Dans cette logique thérapeutique par atténuation, il est inutile de revenir sur le passé. Il faut partir du point présent et se confronter à l'expérience douloureuse ou traumatique de manière évolutive jusqu'à modifier voire remplacer le motif. Au lieu de chercher à comprendre l'origine des éventuels troubles, ces thérapies proposent un travail de rationalisation pour modifier nos modes de pensée, nos réactions émotionnelles et nos comportements dans l'ici et maintenant. Ainsi, pour modifier nos représentations, nous identifions ce qui cause le trouble et nous nous y confrontons.

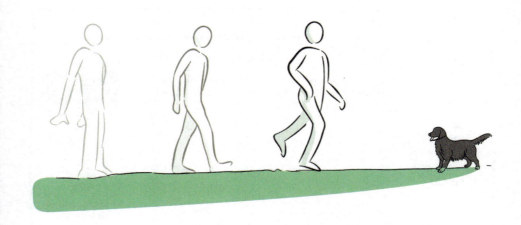

Pour me réconcilier avec ma phobie des chiens, je vais, étape après étape, m'approcher d'un chien. S'il ne mord pas quand je suis à 200 mètres de lui, je vais progressivement diminuer la distance pour continuer la création de motif et accentuer le phénomène d'habituation.

> **Aux changements brutaux, je préfère les petits pas, pour améliorer mes motifs.**

Nous pouvons nous demander, pourquoi nous reproduisons des expériences qui nous font du mal ? Pourquoi un enfant battu va-t-il battre à son tour, pourquoi un enfant abandonné peut-il être un parent distant ?

Nous pouvons assimiler cela à la libération d'une colère, d'une violence que nous avons en nous. Nous exprimons notre propre détresse en la faisant vivre à d'autres. Battre, expulser sa violence intérieure, la donner à l'autre nous fait, provisoirement, nous sentir mieux.

Si nous nous demandons pourquoi nous recommençons alors qu'une situation nous fait du mal, c'est bien parce que ça nous fait du bien d'une certaine manière… Nous y trouvons la satisfaction du soulagement.

Comparons cela à une piqûre de moustique. La piqûre constitue la douleur initiale, elle correspond au traumatisme. Quand nous allons appuyer à nouveau sur la douleur, quand nous nous grattons, nous relâchons un peu la douleur… quitte à être plus gêné après.

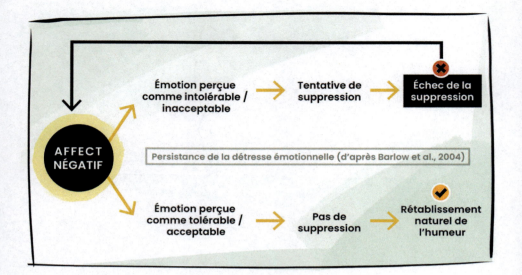

Nous avons tous des blocages invalidants qui alimentent des souffrances comme une sorte de cercle vicieux qui se répète. Le principe qui vise à soumettre l'individu à de nouvelles expériences graduellement permet d'ancrer de nouvelles représentations.

> **Je m'expose à mes troubles par petites doses répétées pour mieux les appréhender et composer avec, au lieu de les éviter.**
>
> **Je révise des équilibres qui viennent de très loin.**

Nos schémas, nos représentations mentales, vont résumer de manière automatique les événements, les situations, les objets, ou toutes les expériences qui se ressemblent de près ou de loin.

Ces schémas, motifs, sont d'autant plus difficiles à faire évoluer qu'ils se mettent en place dès l'enfance. Nos motifs sont stockés dans notre mémoire à long terme et font référence de cadre.

Toutefois rien n'est jamais complètement définitif. Le déconditionnement est possible et un travail thérapeutique de fond peut être précieux pour réviser nos croyances établies, nos routines mentales. Des techniques comme la Programmation Neuro Linguistique (PNL) viennent soutenir un travail sur soi. Très utile par exemple pour dépasser des inhibitions ou autres représentations mentales limitantes.

La PNL va notamment créer un ancrage au nouveau conditionnement : un son, une image, une odeur que nous associerons à un nouvel automatisme (ex : le claquement de la porte de ma maison marque la barrière entre la fin de ma journée professionnelle et le début de ma journée familiale).

C'est aussi le travail que s'attache à faire le **rebirthing** ou technique de développement personnel développée aux États-Unis qui consiste en un mixte entre respiration amplifiée (suroxygénation du cerveau) et travail corporel, le tout favorisé par un ancrage musical spécifique, jouant sur nos ondes émotionnelles.

L'objectif est un objectif de reprogrammation de nos mémoires ou croyances. Nous pouvons ainsi amorcer une « nouvelle naissance » : agir sur nos blessures, peurs ou limites en vue de les modifier.

La désensibilisation systématique nécessite une graduation qui peut se passer par l'exposition avec la réalité ou via une approche imaginée. L'expérience mentale, ayant valeur de réel pour notre cerveau, pourra avoir un impact parfois aussi fort que l'expérience vécue.

Pour obtenir une meilleure régulation, faire appel aux méthodes de relaxation crée un état contraire de celui de l'anxiété. Une fois que nous sommes suffisamment détendus, nous allons pouvoir accéder de manière graduée à des scènes se rapprochant de plus en plus directement de la situation anxiogène.

À défaut d'une confrontation frontale avec notre peur, il s'agit de modifier les conditions dans lesquelles nous percevons les stimulus anxiogènes (faire en sorte que l'angoisse ne se manifeste plus lorsque nous l'imaginons dans notre tête). Une fois la valeur anxiogène de notre blocage affaiblie mentalement, nous serons plus aptes à varier les réponses en présence de celui-ci.

Alors que j'ai la phobie des chiens, si j'imagine vivre un moment agréable, plaisant avec un chien et que je répète régulièrement l'expérience dans mon imaginaire, je pourrai plus facilement aborder l'approche d'un chien dans la vraie vie.

> **Je développe des stratégies d'adaptation personnelle pour résoudre mes problèmes actuels.**

14.4 Je m'entraîne et je pratique

Sortir de notre état de tutelle est difficile car pour nous tout est devenu **naturel**, nous y avons même pris goût pour réussir à vivre...

Cet état de tutelle ou « *incapacité de se servir de son entendement sans être dirigé par un autre* », **Kant** en parle dans « *Qu'est-ce que Les Lumières* » en 1784 lorsqu'il rappelle la vocation des Lumières : éclairer l'Homme pour qu'il puisse sortir de l'état dont il est lui-même responsable.

André Gide nous invite à faire bon usage de notre force « *La croyance que je considère comme vraie ... est celle qui me permet de faire le meilleur usage de ma force, me donne les meilleurs moyens de transformer mes vertus en action* ».

Avec l'habitude tout est facile, sans habitude rien n'est facile. Nous devons répéter, répéter, répéter et encore répéter...

« *C'est en pratiquant la vertu que nous devenons vertueux.* »

- Aristote

> **Je muscle progressivement mon esprit en répétant les expériences positives de renaissance.**

Nous avons des efforts à consentir dans l'optique d'un mieux. Effort ne signifie pas systématiquement déplaisir. Prendre **goût à l'effort** c'est aussi trouver de la satisfaction dans le chemin y compris si cela comporte son lot de douleurs.

Pour sortir des schémas établis nous devons revoir les connexions en place. À force de tentatives, de scénarios d'expériences, de pratique et d'entraînement, nous pouvons créer de nouveaux liens.

> **Je vais renforcer ce qui me plaît, atténuer ce qui me déplaît. Une fois l'effort passé, le motif ancré, les nouvelles connexions deviendront de nouveaux automatismes.**

Le ***reboot système*** se fait rarement en une mise à jour instantanée. Le déclic n'a pas lieu en une seule fois. Nous pouvons le sentir opérer puis retomber dans nos anciennes habitudes. Le mécanisme de mémorisation et d'ancrage nécessite souvent une récurrence, plusieurs déclics pour imprimer le changement durablement. Nous devons y être soumis plusieurs fois ou l'entendre de plusieurs voix avant de réellement percuter. Nous pourrons alors désirer à nouveau ce qui nous a plu jusqu'à pouvoir le reproduire en automatique une fois imprimé dans notre matrice.

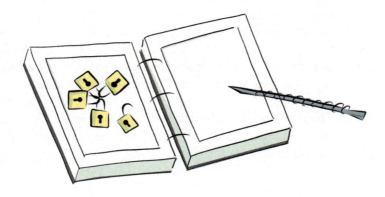

Vous connaissez d'ailleurs peut être le fameux nombre magique de 21 jours pour changer une habitude. Si l'on se fie aux études menées par les chercheurs du Collège universitaire de Londres en 2009, le temps nécessaire pour changer une habitude varierait de plus de 18 jours à 254 jours selon les individus pour atteindre une moyenne de 66 jours.

Il y a des changements qui sont plus aisés que d'autres. Changer demande de la pratique et du temps, pour pouvoir ressentir les bénéfices d'une nouvelle habitude.

Le risque de reprendre notre routine habituelle existe. « *J'étais motivé, j'avais les idées claires, j'ai essayé puis, après quelques temps, je suis retombé dans mes vieilles habitudes* ». Mettre en place un système qui nous permet de garder la dynamique dans le temps est nécessaire pour transformer les anciens réflexes, soutenir les évolutions à ancrer, autour de notre nouveau *Je*.

« *Nous ne sommes que ce que nous faisons de manière répétée. L'excellence n'est donc pas un acte mais une habitude.* »

- Aristote

La mise à jour de ce que je suis va opérer par la pratique répétée de mes nouvelles habitudes.

Nous avons parlé de la tête, nous pouvons maintenant parler du corps. Notre changement doit s'imprimer dans le corps, peut s'imprimer par le corps.

Si je souris devant mon miroir pendant cinq minutes, ce qui parait au départ forcé va très vite générer des émotions avec pour effet la transformation de mon état d'esprit. Si je contrôle ma respiration dans des moments de stress, je vais pouvoir retrouver la pensée claire qui me permettra d'éviter des interprétations automatiques. Je pourrais ainsi ouvrir des scénarios. Si je fais des mouvements très énergiques (comme sauter, crier) alors que je vis un blocage de ma boucle émotionnelle, je vais modifier les ondes cérébrales associées et le message envoyé à mon système raison.

La clé est de trouver le mouvement qui nous permet de gagner en discernement, en confiance et/ou en énergie pour pouvoir aligner nos ressources… et continuer.

Mon corps est un allié que je peux utiliser comme signal ou comme élément modificateur de mon état émotionnel.

Être capable d'imaginer, de rêver, est fondamental pour nourrir le processus de changement.
Là aussi l'idée est de trouver le bon dosage.

Penser grand me connecte à mes émotions, agir petit me connecte à ma raison, j'ai besoin des deux pour avancer.

C'est la théorie du petit pas inspiré du Kaizen japonais. Si mon objectif est trop grand, si la montagne est trop haute et que je ne regarde que le sommet, je suis fatigué avant de partir.

Si je découpe mon objectif ultime en plus petit pas possibles et que je prends les choses les unes après les autres je fais en fonction de mes capacités (soin de moi) et je réduis le côté anxiogène.

Le film « *King Richard* » sur la vie des sœurs **Williams**, championnes de tennis, est un superbe exemple. Le père de ces deux joueuses hors-normes alimente leur rêve de devenir numéro 1 mondial. Elles prennent le match jeu après jeu, laissant de côté les points perdus et ne se concentrant que sur le point à gagner à court terme.

« *Si tu peux le rêver, tu peux le faire.* » - Disney

Rêver et croire sont d'excellents boosters, mais il peut arriver que notre machine à rêver soit en panne. Il se peut que nous ayons des envies, un idéal enfoui, que nous nous empêchions d'envisager, de ressentir... Nous expérimentons alors l'inhibition de notre rêve.

Face à l'extinction de nos envies, nous devons nous réconcilier avec l'idée que tous les possibles sont réalisables. Pour ouvrir les perspectives, je rassemble les exemples ou expériences qui montrent que j'y suis arrivé par le passé, que d'autres y arrivent et que ***tout ce qui peut arriver arrive***.

Il y a beaucoup de choses simples qui sont longues à imaginer.

Dans l'onde, tous les possibles sont superposés. Ce qui remonte à la conscience est une abstraction qui dépend de notre environnement, de nos désirs du moment. Ainsi, une partie du signal reste inutilisé jusqu'à ce que nous réalisions que c'est ce dont nous avons besoin.

Le fait d'assimiler le fonctionnement ondulatoire permet de comprendre que nous utilisons seulement une petite partie de ce qui est en nous. Il y a ce qui nous sert pour le plan d'action du moment, et puis tout le reste…

Ce qui est bien là, qui n'attend qu'à être exprimé, ce qui pourra émerger quand nous aurons une validation émotionnelle qui nous fera l'effet d'un **eurêka** !

> **Croire en moi, croire en la vie, penser grand, me permet de me donner l'énergie de déplacer des montagnes et de devenir une meilleure version de moi-même.**

Visualiser nos rêves est une façon de stimuler notre envie et notre excitation. Travailler notre capacité à imaginer est une manière de mobiliser l'envie, de puiser dans l'élan vital, de passer de l'appréhension à l'enthousiasme.

« Le fait de savoir que je vais bientôt mourir est l'outil le plus important que j'ai trouvé pour prendre de grandes décisions dans ma vie, car presque tout (les attentes d'autrui, l'orgueil, la peur du ridicule ou de l'échec) cesse d'exister devant la mort : pour ne laisser que ce qui compte vraiment, ce qui compte vraiment ce sont mes valeurs. »

- Steve Jobs

Le miracle se passe au-delà du raisonnable. Il n'y a que là qu'il puisse agir.

> **J'élève mes attentes pour développer mon ambition et ma combativité.**

Il peut arriver que nous refusions l'obstacle et que nous nous convainquions que celui-ci n'est pas fait pour nous, juste parce que la marche est trop haute ou le mouvement trop douloureux. C'est ce qui est expliqué dans la fable du « *Renard et des raisins* » d'**Esope**.

Le renard, voyant des raisins en hauteur, se mit à vouloir les manger. Comme il ne pouvait pas y accéder il se persuada que ces derniers n'étaient pas bons pour lui : trop verts et donc probablement trop acides ou trop murs. C'est ce que **Jon Elster** appelle « *la formation d'une préférence adaptée* » ou comment nous nous racontons des histoires par peur de ne pas parvenir à atteindre notre objectif.

> **Je suis convaincu que mon objectif de changement est nécessaire, atteignable et non juste souhaitable.**

14.5 Je fais de ma vie mon œuvre d'art

« Jonathan, Le paradis n'est pas un espace ni une durée dans le temps, le paradis c'est simplement être soi-même. »

- Richard Bach

Si nous voulons réaliser nos rêves, dépasser nos inhibitions, vivre à la fois nos passions et utiliser nos intelligences, il parait nécessaire d'accueillir ce qu'il y a de plus beau et de plus haut en nous.

Je n'ai de contrôle que sur moi, ce que je dis, ce que je pense, ce que je fais.

« Deviens qui tu es. » - Pindare

Si nous sommes cette personne nous devons aimer l'être, car ce que nous sommes va déterminer ce qui nous arrive. Voilà toute la beauté de « *l'amor fati* », « amour de notre destinée ».

Quelles que soient les époques, nous sommes tous confrontés régulièrement à nos peurs, angoisses, frustrations. Quelles que soient les cultures, nous poursuivons la recherche d'expériences procurant du plaisir : l'envie de goûter à un bon repas, de découvrir des lieux exotiques, de passer du temps plaisant avec les gens que l'on aime. Cette quête de plaisir ne permet pas d'atteindre le bonheur ni même de faire l'expérience d'une vie optimale.

Le plus fondamental reste de trouver les expériences de vie qui nous apportent le plus de satisfaction. Plus que le plaisir temporaire, c'est cette satisfaction qui nous permet d'accéder à l'optimal que nous recherchons.

Nous poursuivons l'ambition de multiplier les expériences qui nous procurent un sentiment d'accomplissement. Cela dépend de nos choix et aussi de notre état d'esprit. Nous pouvons vivre des choses formidables et ne pas nous en rendre compte ou nous pouvons, à la **méthode Coué**, nous persuader que nous sommes heureux alors que ce n'est pas le cas. Ce qui compte est de trouver notre optimal, celui qui nous permet d'avoir un contentement authentique, celui qui nous permet d'aimer notre vie dans le plaisir comme le déplaisir, celui qui nous permet de trouver une forme de satisfaction inconditionnelle.

Chacun trouvera l'expression ou l'intensité qu'il veut donner à sa vie. Chacun pourra nourrir et aimer son existence de la façon qui lui ressemble.

Nous sommes tous des artistes, architectes de notre vie, artisans de notre bonheur.

> **Je fais renaître l'artiste qui est en moi pour créer une vie que j'aime dans toutes ses nuances.**

L'art est à la fois une libération et un moteur de notre changement. Nous considérer comme **artiste** c'est prendre la pleine mesure de notre rôle dans la création (en tant qu'acteur principal), c'est nous donner le droit à la libre expression… comme si l'art ouvrait des portes que le reste du monde interdirait.

L'art désinhibe, fait appel à notre enfant. La création artistique donne un véhicule à nos émotions. Le geste créateur fait appel à notre corps qui va se mettre en mouvement pour transformer nos états internes en une œuvre concrète. L'art est un élan qui sollicite notre raison par l'imagination et la pensée.

> **Je prends l'art comme un jeu, une expérience créatrice me permettant d'exprimer mes désirs les plus profonds.**
>
> **Je suis l'artisan de ma vie.**

À chaque instant de notre vie nous sommes capables d'écrire une nouvelle page en nous ajustant aux nécessités toujours changeantes. C'est le principe de l'impermanence.

« *Rien ne se perd, rien ne se crée, tout se transforme.* »

- Antoine Lavoisier

Chaque jour est une opportunité de renaître.

Je ne prends pas toujours le plus court mais c'est toujours MON chemin !

« *Cela — est maintenant mon chemin, — où est le vôtre ?* » *Voilà ce que je répondais à ceux qui me demandaient* « *le chemin* »*. Car le chemin — le chemin n'existe pas.* »

- Nietzche

Il est temps de nous donner l'opportunité de redevenir **maître** de notre *Je*. De donner du sens à notre élan vital, d'aimer jouer et rejouer notre *Je* de manière toujours plus authentique.

De la même manière que la création vit, évolue en fonction des apports, des expériences, notre *Je* se joue, se rejoue, avec tout ce que nous sommes, à volonté… à tort ou à raison, et surtout avec émotion !

« *C'est impossible, dit la Fierté.*
  C'est risqué, dit l'Espérance.
  C'est sans issue, dit la Raison.
  Essayons, murmure le Cœur. »

- William Arthur Ward

À nous de jouer…

J'expérimente, je sens, j'agis, je connais, je veux, je peux, je recommence, je crée, j'aime.

Je suis et je vis.

Tout ce qui peut arriver arrive.

… Et ce n'est qu'un début.

Bibliographie

La Sainte Bible, traduite en français sous la direction de l'École biblique de Jérusalem, Paris, Pocket, 1955, Le livre de Job, 38.

ARENDT H., Eichmann à Jérusalem, *Rapport sur la banalité du mal,* trad. franç., Paris, Gallimard, « Quarto »

ARISTOTE, *Éthique à Nicomaque,* II, Paris, Flammarion, 1998, GF Philosophie
- Ibidem, De la divination dans le sommeil, dans Petit traité d'histoire naturelle, Paris, Flammarion, 2000
- Ibidem, De l'interprétation, ch.9, Paris, Vrin, 1994, trad. Jules Tricot (pp.102-103).

AUGUSTIN d'HIPPONE, *Traité du libre arbitre*

BADIOU A., *La vraie vie,* Paris, Bayard, 2026

BAUDELAIRE C., **Le Voyage,** dans *Les fleurs du mal,* Pais, Larousse, 2011.

BACH R. *Jonathan Livingston le goéland,* Paris, Librio, 2003.

BUZAN T., *Développez votre intelligence avec le Mind Mapping,* Paris, ALISION ; Illustrated édition, 2018

DAMASIO A. R., *L'erreur de Descartes,* Odile Jacob, 2001. [Traduction : M. Blanc].

Ibidem, *Spinoza avait raison : joie et tristesse, le cerveau des émotions,* Paris, Odile Jacob, 2003.

DARWIN C. *L'origine des espèces,* (On the Origin of Species by Means of Natural Selection, or the Preservation of Favoured Races in the Struggle for Life, 1859, Flammarion, 2008 (GF, numéro 1389)

DESCARTES, R., *Discours de la méthode,* Paris, Flammarion, 2000.

EMPEDOCLE, *Sur la nature,* Yves Battistini, Paris, Impr. Nationale, 1997

EVERETT, H. *The Many-Worlds Interpretation of Quantum Mechanics*

FREUD S., *L'Interprétation du rêve* (1900), PUF, 2005

GIONO, J. *Colline,* Paris, Grasset, 1929.

GOETHE, J. W. von, *Faust,* Paris, J'AI LU, 2004, (Poche)

Ibidem, *Les affinités électives,* Paris, Gallimard

Sur ALBERT BANDURA voir Erica GOODE, *Albert Bandura, Leading Psychologist of Aggression, Dies at 95* [archive], sur The New York Times, 29 juillet 2021 (consulté le 29 juillet 2021)

HERACLIDE, *Fragments,* Introduction par Marcel Conche, Paris, Broché, 2011

HUME D., *L'entendement : traité de la nature humaine,* Paris, Poche, 1999.

LEIBNIZ G. W., *De rerum originatione radicali*, dans : *Œuvres*, éd. Lucy Prenant, Paris, Aubier Montaigne, 1972
- Ibidem, Lettre à Sophie, 21 janvier 1713, dans Onno Klopp (dir.), Die Werke von Leibniz, 11 vol., Hanovre, 1864-84, volume VIII
- Ibidem, Essais de théodicée, II, § 211.

MARC AURELE, *Pensée, publié dans Coaching*, Monde, psychologie, Références par Mathilde Bettuzzi

MILGRAM S., *Behavioral Study of obedience*, The Journal of Abnormal and Social Pathology, vol. 67, n° 4, 1963

MOLIERE, *Le Misanthrope ou l'Atrabilaire amoureux* (Philinte, acte I, scène I, vers 151-152), Poche, 2013

NIETZCHE F. *Ainsi parlait Zarathoustra*, traduction d'Henri Albert, 6ème édition, MdF,1903
- Ibidem, Par-delà bien et mal, (1886), Paris, Poche, 1987
- Ibidem, Fragments posthumes, automne 1884-automne 1885, Paris, Gallimard, 1982.

PARMENIDE, *Le poème et fragments*, Paris, Épiméthée, 2009

PASCAL, B. *Pensées*, Paris, ed. Jean de Bonnot, 1972

PLATON, *La République*, *Œuvres complètes*, t. VI, Paris, Les Belles Lettre, 1970, p. LX à CXLVI. Ibidem, Théétète, 191 c-d, trad. Cousin

POINCARE H., *Science et méthode : édition intégrale*, Paris, Broché, 2021.

SADE, D.A.F.de, *La nouvelle Justine*, Paris, Broché, 1998

SENEQUE, *La vie heureuse - La brièveté de la vie*, Paris, Poche 2005

SPINOZA B. *Éthique*, Livre I, Paris, Flammarion, 2021, (Poche Blaues Buch)
- Ibidem, Appendice

TOURNADRE N., *Le grand livre de proverbes tibétains,* Paris, Presse du Châtelet, Bilingual édition (français/tibétain), 2006

Les Comédies de P. TERENCE : *Les Adelphes,* Paris, Broché, 2012

Collectif, *La dernière lettre. Anthologie des derniers mots des grands Hommes*, Paris, Essai (Broché), 2017

Sancti Bernardi Opera, *Rome*, Editiones cisterciences, 1957-1998, 10 vol

SIMON AND GARFUNKEL, Album : P*arsley, Sage, Rosemary and Thyme,* 1966, Genre: Folk.

Vice-Versa, film d'animation, Studio PIXAR, de Pete DOCTER, sorti en salle 2015.

Auteurs

Philippe Crevoisier, fait partie de ces grands dirigeants qui ont toujours eu à cœur de faire avancer les choses en gardant une forme de liberté d'esprit. Rompu à la vie d'entreprise et aux responsabilités, il a exercé différents rôles de Direction Générale, chez Ariete, Kenwood, ou encore au sein du groupe SEB où il deviendra membre du comité exécutif.

Manager à contre-courant, visionnaire, peu préoccupé par les conventions, il met un point d'honneur à créer de la valeur et à assumer chacune de ses décisions avec un courage managérial hors du commun. Au-delà d'un parcours professionnel inspirant, c'est un Homme entier, doté d'une grande connaissance de l'humain, nourrie par le contact avec des milliers de collaborateurs. Aujourd'hui retiré de la vie des affaires, il nous fait bénéficier de ses investigations et des bases de sa philosophie de vie. Il nous livre une pensée sensible et sensée, celle qui lui a permis de mieux vivre sa vie avec satisfaction et équilibre.

Aurore Robin, appartient à cette génération née dans l'insouciance des années 80, bercée de confiance et d'audace, vite rattrapée par une forme de conditionnement collectif et une course folle à la réussite, parfois coupée du sens et de l'importance des vraies choses. Après s'être nourrie de voyages à travers le monde, d'emplois à responsabilités dans des entreprises internationales, elle a décidé de ne plus « faire pour faire », mais d'écouter sa musique intérieure et d'accompagner les professionnels à mieux-vivre leur travail. Convaincue que l'expression de notre plein potentiel passe par une reconnexion à des ressources intérieures sous-exploitées, elle œuvre pour promouvoir un équilibre entre le physique, l'émotionnel et le mental. Sa société, D-Branche, propose des solutions pour se régénérer et retrouver une performance plus durable. Grâce au pas de côté, au détachement de la charge mentale du quotidien, grâce à l'expérimentation hors des sentiers battus, il devient possible de se reconnecter à une forme d'essentiel, de se mettre en action de manière plus naturelle et plus riche.

Philippe Crevoisier avait ce projet d'essai en lui, il voulait attirer l'attention sur le pouvoir puissant des émotions, rétablir une forme d'équilibre avec la raison, ouvrir un dialogue étayé de références solides.

Aurore Robin avait cette expérience du développement personnel, une conviction intuitive que nous pouvons créer plus de valeur en donnant plus d'espace à notre vivant, en acceptant que tout n'est pas raisonnable.

Ils avaient tous les deux le même amour pour le bien-vivre et voulaient l'exprimer.

Dans cet essai il ne voulait plus être un patron, il voulait être un Homme.

Elle ne voulait plus être une machine mais entière et vivante.

Philippe avait le plan, **Aurore** avait la plume, à deux, la symphonie était plus belle.

Editeur : Crevoisier Philippe, 108 route de Dijon 21380 Savigny-le-Sec

Les illustrations de cet ouvrage ont été dessinées par Céline Teiten et appartiennent aux auteurs.

Toute reproduction totale ou partielle de cet ouvrage est interdite sans l'autorisation des auteurs.

© Crevoisier Philippe, Aurore Robin 2023

Dépôt légal Octobre 2023

ISBN 978-2-9588708-1-2

Printed in Great Britain
by Amazon